# 세계의 붓다

Buddha: His life in Images
Text copyright ⓒ 2003 Michael Jordan
Design copyright ⓒ 2003 Carlton Books Limited
All rights reserved

Korean translation edition ⓒ 2004 Kungree Press.
Published by arrangement with Carlton Books Limited, UK
via Bestun Korea Agency, Korea.
All rights reserved

이 책의 한국어 판권은 베스툰 코리아 에이전시를 통하여
저작권자와 독점 계약한 궁리 출판사에 있습니다.
저작권법에 의해 한국 내에서 보호를 받습니다.

▶
한 사람이 거대한 불상의
발 옆을 지나고 있다.
크기의 대조가
묘한 감상을 불러일으킨다.
중국, 쓰촨성, 러산.
(166, 168, 180쪽 참조)

사진과 그림으로 만나는
# 세계의 붓다

마이클 조든 지음 / 전영택 옮김

궁리
KungRee

# 차례

들어가며      8

붓다의 일생      10

세계 불교 성지      48
    인도      56
    네팔      72
    스리랑카      78
    아프가니스탄 & 파키스탄      86
    미얀마      92
    타이      108
    인도네시아      130
    캄보디아      136
    라오스      142
    티베트      148
    중국      158
    베트남      184
    한국      186
    일본      194
    오늘날      206

불상의 이모저모      216
    머리      222
    백호      232
    눈      238
    귀      240
    목      244
    손      246
    만자      268
    가사      270
    장신구      280
    앉은 자세      282
    대좌      286
    두광      292
    신광과 장식      298
    만다라      302

용어설명      308

가볼만한 곳      312

찾아보기      315

사진 출처      320

# 들어가며

2,500년 전 인도 북부지방에서 발생한 불교는 오늘날 세계 주요 종교 가운데 그 성장세가 가장 빠르며, 신자 수는 150~300만 명으로 추산된다. 불교도는 주로 동남아시아에 집중되어 있긴 하지만, 전 세계 어느 대륙에서나 쉽게 찾아볼 수 있다. 인도 외에도 스리랑카, 티베트, 인도차이나, 중국, 한국, 일본에 특히 널리 퍼져 있다.

불교에서는 출생부터 죽음과 환생에 이르는 삶의 유전, 즉 윤회가 고통의 과정이며, 그것은 실재에 대한 무지와 불가능한 것에 대한 갈애 때문이라고 본다. 이러한 괴로움은 깨달음을 통해 극복할 수 있으며, 이러한 정신적 개오(開悟)는 불법(佛法)에 대한 공부와 율장(律藏)을 지켜나가는 올바른 수행을 통해 얻을 수 있다. 이것이 바로 붓다-개인의 이름이 아닌 완전한 깨달음을 성취한 사람을 일컬음-가 되는 길로 인도하는 사성제(四聖諦)다.

불교를 따르는 이들의 열렬한 신심은 수많은 고대 경전과 회화, 건축물을 통해 표현되어왔다. 이 미술품들에는 불심에서 우러나온 영감이 번뜩이고 있으며, 국가와 문화권, 시대를 초월하는 예술가의 기교와 취향, 전통이 펼쳐져 있다. 정교하고 놀라운 조상(彫像)과 경전들을 통해 붓다에 대한 경외심이 어느 정도인지를 미루어 짐작할 수 있다.

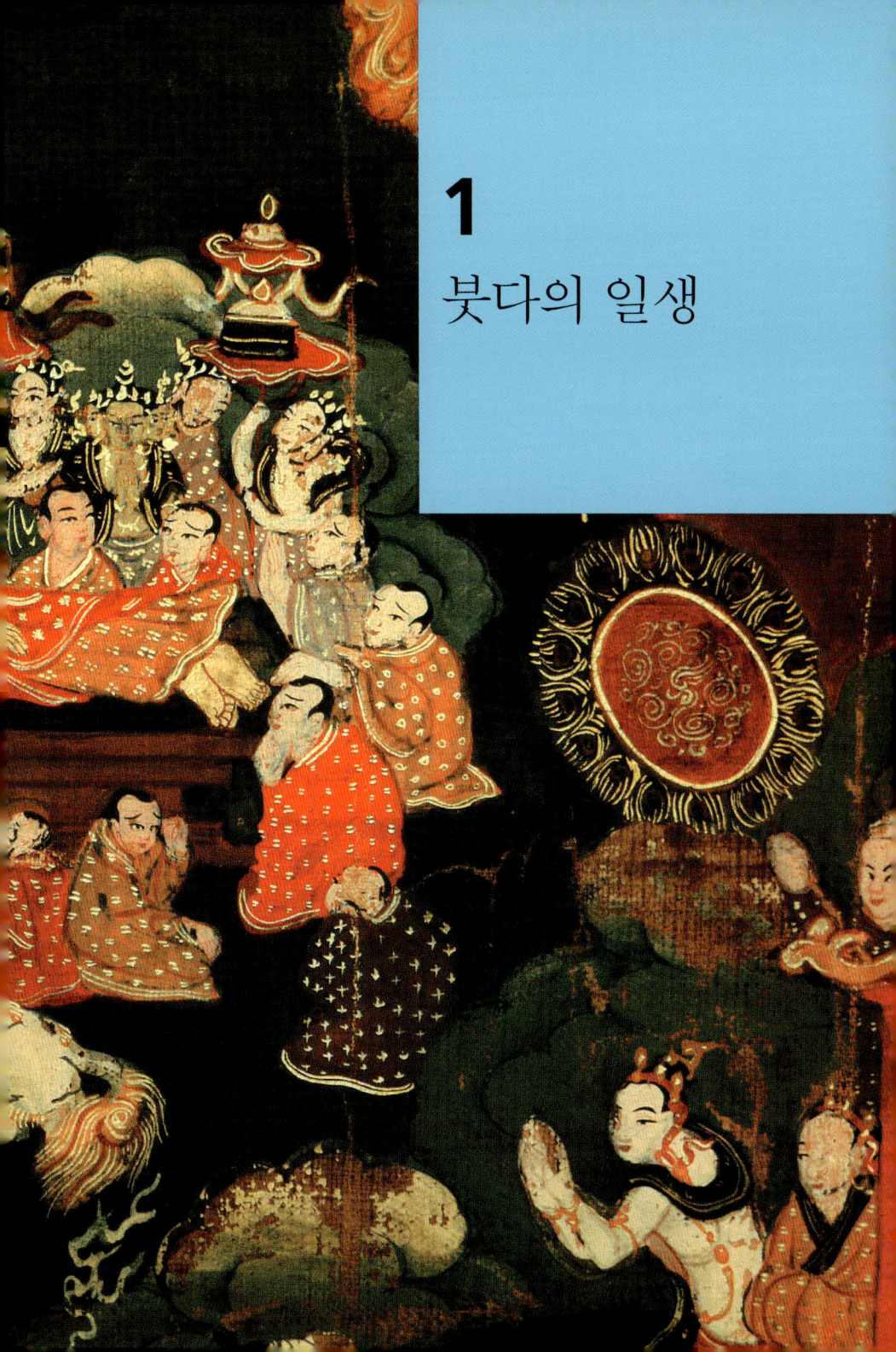

# 1
# 붓다의 일생

붓다의 일생

"인간으로 태어나기도 어렵고, 죽게 되어 있는 것이
살기도 어려우며, 참된 가르침을 듣기도 어렵다.
그러나 깨달음을 얻기는 더욱 어렵다."

『법구경』에서

한 평범한 사람이 인류 역사상 도저히 믿을 수 없는 일을 이루어냈다. 그는 참된 고귀함을 얻었고 인류 역사에 지워지지 않는 흔적을 남겼다. 그가 바로 고타마 싯다르타다. 영감에 번뜩이는 그의 통찰력과 굳건한 결단력으로 불교가 빛을 보게 된 것이다.

싯다르타는 기원전 6세기 중엽 히말라야 산기슭의 고라크푸르 근처에 있는 카필라 성(룸비니 동산)에서 탄생하였다. 아버지 슈도다나는 인도 북부의 구릉지대-오늘날 네팔 영토-에 살던 석가(샤캬)족의 왕이었다. 전설에 따르면 싯다르타의 어머니 마야 왕비는 흰 코끼리가 옆구리로 들어오는 꿈을 꾸고 잉태를 하였으며, 싯다르타도 옆구리로 낳았다고 전해진다.

◀◀
추종자에게 둘러싸여 누워
있는 붓다. 티베트, 18세기.

붓다의 일생

▲
고타마 싯다르타의
탄생 모습을 그린 석조 부조.
룸비니 동산 나무 아래에서
마야 왕비의 옆구리로
태어나는 고타마 싯다르타.
인도 동부, 10세기.

# 붓다의 일생

◀◀
마야 왕비의 보살핌을
받으며 연꽃에서
태어나는 고타마 붓다.
한국, 수원, 용주사.

▲
싯다르타의 어릴 적 모습을
시간 순으로 묘사한 그림.
어머니의 옆구리에서
태어나는 모습, 사방으로
일곱 걸음을 걷는 모습,
목욕하는 모습이
그려져 있다.
티베트, 18세기.

▶
불교도의 정신적
발전 과정을 10단계로 나누어
상징적으로 표현한 그림.
서울, 조계사 벽화의 일부.

## 붓다의 일생

> "아무것도 갖지 않아도 더없이 안락하게 살겠노라.
> 광음천(光音天)의 신들처럼 기쁨을 먹겠노라."
>
> 『법구경』에서

싯다르타는 성년이 될 때까지 다른 힌두 귀족의 젊은이와 별반 다름없이 생활한 듯하다. 청년시절을 묘사한 조각상 중에는 웃으며 춤추고 노는 모습이 있다. 하지만 유년시절에도 어른스러운 모습을 보인 적이 있으며 이를 묘사한 탱화도 있다. 전설에 따르면 싯다르타는 태어나자마자 동, 서, 남, 북 사방으로 일곱 걸음을 걸어가서 오른손을 들어 위를 가리키며 두려움이 없음을 나타내는 시무외인(施無畏印) 자세를 취하고, 왼손은 아래로 늘어뜨려서 중생의 소원을 이뤄준다는 뜻의 여원인(與願印) 자세를 취했다고 한다. 이는 앞으로 다가올 중대한 사건의 전조를 표현한 것이라 할 수 있다.

▶
춤추는 싯다르타를 묘사한 현대 조각상. 클로프 윌리엄 엘리스의 작품. 웨일스 포트메이론 마을.

붓다의 일생

◀
룸비니에 있는
왕궁 정원에서 양친이
지켜보는 가운데 활쏘기를
연습하는 싯다르타.
유화, 중국, 8~10세기.

▲
수행자가 되기 위해
가족과 호화로운 생활을
버리고 나선 말에 올라탄
싯다르타. 수원, 용수사.

21

"명상으로부터 지혜가 생긴다.
명상을 하지 않으면 지혜가 없어지나니
얻고 잃는 이 두 가지 길을 알아서
지혜가 더하도록 자기를 세워라."

『법구경』에서

싯다르타는 십대에 사촌 야소다라 공주와 결혼하였고, 이후 10여 년 동안 사치와 환락에 젖은 생활을 계속하였다. 29세 되던 해에 야소다라는 아들 라훌라를 낳았는데, 뜻밖에도 새 생명의 탄생과 함께 삶에 대한 새로운 자각이 일어났고 이것이 싯다르타의 일생을 완전히 바꾸어놓았다. 싯다르타는 가족과 물질적 풍요를 버리고 탁발승이 되었으며, 끝없는 삶과 죽음의 고통스러운 윤회를 이해하기 위해 무덥고 먼지 나는 인도의 길을 따라 긴 여행을 떠났다.

그는 해진 옷 한 벌과 지팡이와 바리때만 지닌 채 힌두교 수행자처럼 걸식을 하며 6년 동안 여기저기를 방랑했다. 그러다가 우연히 지금의 인도 비하르 주에 있는 갠지스 강 유역의 네란자라 강둑에 이르러 더위를 피해 보리수 아래에서 쉬게 되었다. 이곳에서 실존에 대해 사유하며 명상에 잠겨 있다가 마침내 온갖 육체적 고행 속에서 그토록 오랫동안 자신을 괴롭힌 의문에 대한 해답을 찾는다. 이곳이 바로 불교도에게는 '지구의 중심'에 해당하는 성지, 부다가야다.

붓다의 일생

◀◀
수행자로서 방랑하던 시절의 붓다. 바리때를 들고 제자들에게 둘러싸여 있으며 두 소년이 음식을 주고 있다. 간다라(파키스탄 북부 / 아프가니스탄), 3세기.

◀
투명한 가사를 입고 연꽃 위에 서 있는 고타마 붓다. 오른손은 위로 들어 중생의 두려움을 없애주는 시무외인 자세를 취하고, 왼손은 아래로 펼쳐 중생의 소원을 들어주는 여원인 자세를 취하고 있다. 청동상, 인도 남부, 11세기.

"모든 것이 마음에서 비롯되고 마음이 으뜸이니
마음으로부터 다 이루어지느니라.
삿된 마음으로 말하고 행하면
그로부터 고뇌가 따르나니.
마치 수레가 소의 발자취를 따르듯이."

『법구경』에서

▼
연화대좌 위에 앉아
명상에 잠긴 고타마 붓다를
그린 탱화. 붓다의 정신력을
상징하는 신광이
몸 주위에서
광채를 발하고 있다.
수원, 용수사.

▶
죽음의 신 야마가
인생의 수레바퀴인
법륜을 돌리는 모습.
원 둘레에는 고통스러운
윤회를 상징하는 장면이
배열되어 있다.
벽걸이 탱화, 티베트.

붓다의 일생

깨달음의 마지막 순간에 고타마 싯다르타는 악마 마라의 모습으로 나타난 물질세계의 유혹과 싸운다. 그는 아주 오랫동안 보리수 밑에 앉아서 하루에 겨우 쌀 한 톨만을 먹는 단식을 하여서 죽음에 이를 정도로 쇠약해졌다. 그리고 육체의 고행과 정신 수련만으로는 갈구하던 궁극적인 깨달음을 얻을 수 없음을 알아차리고 미몽(迷夢)에서 벗어난다.

▶
누더기를 걸치고 앉아
명상에 잠긴
고타마 붓다의 쇠약한 모습.
붓다의 머리를 감싼
두광은 위대함을 나타낸다.
간다라풍의 석조 조각.
그리스 영향을 받았음을
엿볼 수 있다.
파키스탄 북부/ 아프가니스탄,
1~4세기.

붓다의 일생

▶
세상의 위에 있는
상좌에 앉은 고타마 붓다.
제자인 사리자와 목건련이
시봉하고 있고, 붓다는
오른손을 땅에 대고 있다.
이는 모든 악마를
굴복시키는 것을 상징한다.
티베트, 18세기.

전설에 따르면 붓다는 그날 강물에 들어가 목욕을 하고 지나가던 농부의 딸에게서 음식을 조금 얻어먹었다고 한다. 그러자 마라에 대항하려는 결의가 더욱 굳건해지고, 극단적인 부정은 깨달음에 도달하는 올바른 길이 아님을 이해하게 되었다. 물질적인 쾌락에의 탐닉도 극단적인 고행도 아닌 중도의 길이 있었던 것이다. 깨달음을 얻으려는 찰나에 마라가 방해하자, 그는 전 세계 미술가들의 상상력을 사로잡은 바로 그 행동, 오른팔을 늘어뜨려 손가락 끝을 땅에 댄 항마촉지인(降魔觸地印)을 취한다. 이 작은 동작이 거대한 지진을 일으켰고, 마라를 비롯한 악마의 무리는 두려움에 떨며 도망쳤다. 그날 밤 싯다르타는 지나온 인생역정이 꿈처럼 펼쳐지는 것을 목도했으며 출생이 죽음에 이르는 냉혹한 현실도 보았다. 마침내 그는 윤회와 물질세계의 실상을 완전히 이해하게 된 것이다. 엄청난 고통과 고행 뒤에 얻은 완전한 깨달음이었다.

붓다의 일생

붓다의 일생

붓다의 일생

▲
깊은 명상에 잠긴
고타마 붓다의 화강암 조각상.
장대한 갈 비하라 석굴사원
부분. 스리랑카, 폴로나루와.

싯다르타는 깨달음을 얻고 나서 40년 정도를 더 살았으며, 그동안 설교를 50,000번 정도 했다고 한다. 이 기나긴 순례여행 동안 추종자들은 그를 '석가족의 현자'를 뜻하는 석가모니로 불렀지만, 세상에는 살아 있는 붓다로 알려졌다. 붓다라는 말은 잘못 이해될 때가 많다. 엄격하게 말하면 붓다란 석가모니가 삶과 죽음의 순환 고리를 끊고, 열반에 이르는 길이라고 믿은 완전한 깨달음을 얻은 마음의 상태를 가리킨다. 그리고 깨달음을 성취한 사람을 의미하기도 한다. 석가모니 붓다는 고타마 붓다라고도 한다.

정교한 불교 조각과 탱화에는 붓다가 깨달음을 얻은 뒤에 일어난 중요한 사건들을 보여주는 것이 많은데, 그 가운데 수레바퀴가 새겨진 붓다의 발자국을 들 수 있다. 이것은 어느 브라만이 붓다의 뒤를 따라 걷다가, 땅에 찍힌 붓다의 발자국에 살이 천 개인 수레바퀴가 있는 것을 보았다는 놀라운 사건을 묘사한 것이다. 천 개는 최초의 불교 교단인 승가(僧伽)에 소속된 추종자 수를 뜻한다.

붓다가 득도한 뒤 아버지 슈도다나 왕은 불교 교단인 승가에 석가족의 각 가문에서 남자 한 사람씩을 보내도록 명령하였다. 이들 가운데 사리자와 아난이라는 사람이 있었는데 이들은 평생 붓다를 모셨으며, 특히 아난은 붓다와 가장 가까운 제자로서 개인적인 시중까지 들었다. 여러 사람이 나타나는 조각에서 이 두 사람은 통상 붓다의 왼쪽과 오른쪽에 서 있는 경우가 많다.

또 하나 주목할 인물로는 붓다의 사촌인 제바달다가 있다. 그는 붓다의 권위에 질투를 느껴 붓다가 70세 정도 되던 해에 여러 차례 암살을 기도하였다(251쪽 참조). 처음에는 이 사건으로 인해 교단이 나뉘어 싸우기도 했지만, 결국 제바달다는 교단에서 추방되고, 죽은 뒤 가장 가혹한 지옥에 떨어졌다고 한다.

◀
고타마 붓다의 발자국에
새겨진 법륜을 묘사한
석조 부조. 아소카 왕이 세운
인도 산치 스투파(大塔)
안에 있다. 인도, 마우리아
왕조, 기원전 3세기.

석가모니의 동문(同門) 가운데에는 그를 붓다로 인정하지 않으려는 자들도 있었다. 그래서 붓다는 득도를 보여주기 위해 기적을 행하였다. 붓다는 태어난 곳 룸비니에서 의심의 눈초리로 바라보는 군중 앞에서 몸을 공중으로 솟구쳐 머리 위로는 불꽃이 타오르고 몸 아랫부분에서는 물줄기가 폭포수처럼 솟아나게 하였다. 그리고 나서 하늘에 보석으로 치장한 길을 만들고 그 위를 걸었다.

▶
고타마 붓다가 여러 보살과
제자들에 둘러싸여
보리수 밑에 앉아 있는
모습을 조각한
흰 대리석 돌기둥.
붓다의 오른손은 시무외인
자세를 취하고 있다.
중국, 허베이성, 북제 왕조,
6세기.

붓다의 일생

붓다의 일생

붓다는 갠지스 강 지류 가까운 곳에서 더욱 놀라운 기적을 행했다고 한다. 붓다는 어린 시절에 돌아가신 어머니 마야 왕비에게 깨달음의 참된 길을 알려주기 위해 힌두교의 서른셋 신들이 있는 도리천으로 올라갔다. 그가 다시 돌아온 곳은 삼카샤라는 곳인데 이 장면은 탱화에 아주 생생하게 그려졌다. 보름달이 뜬 어느 밤에, 가장 위대한 두 힌두 신인 브라흐마와 인드라가 각각 오른편과 왼편에서 호위하는 가운데 붓다가 온갖 보석으로 장식된 세 개의 계단에서 내려오는 모습을 그 지역 사람들이 목격하였다고 한다.

▶ 어머니에게 불교로 개종하도록 권한 뒤 브라흐마와 인드라의 호위를 받으며 삼중 계단을 통해 천상에서 삼카샤로 내려오는 고타마 붓다. 타이, 방콕, 국립박물관, 18세기.

붓다의 일생

붓다가 힌두교 신자로서 힌두 신전에 경배하며 자랐다는 사실은 기억할 필요가 있다. 하지만 불교는 신에 대한 숭배가 없으며, 최고의 깨달음을 얻은 뒤 붓다가 된 존재도 한 사람만 인정하지는 않는다. 대승(大乘)불교의 전설(50~53쪽 참조)에 따르면 이 땅에 오시는 생신불(生身佛)은 다섯 분 계시는데 석가모니는 네 번째 생신불이고 앞의 세 분은 아주 오래전에 살다 가셨다. 다섯 번째 생신불인 미륵보살은 아직 오시지 않았다. 대승불교에서는 본초불(本初佛)-우주의 근원적 힘이자 가장 신성한 붓다-과 본초불의 현신인 비로자나불, 아축불, 보상불, 아미타불, 불공성취불 등 다섯 분의 선정불도 받든다.

◀
연화대좌에 앉아 있는 아축불. 오른손은 시무외인 자세이고 왼손은 바리때로 사용하는 해골을 들었으며, 앞에는 번뇌를 부숴버리는 금강저가 놓여 있다.
티베트, 17세기.

붓다의 일생

▼
금빛 도료를 입힌
비로자나불. 신광에는
비로자나불의 화신인
수많은 작은 불상을
공들여 조각하였다.
왼쪽은 팔이 수천 개인
인도의 아바로키테슈바라
보살에서 유래한
일본 자비의 여신 칸논이다.
일본, 나라 현, 도쇼다이지,
8세기.

▶
본초불의 화신
다섯 선정불 중 하나인
보상불의 앉은 모습.
은과 구리로 세공한
청동 조각상. 티베트,
14~15세기.

▶▶
화강암에 조각된 길이
14m의 거대한 와불상.
우산을 들고
그 옆에 선 승려가
난쟁이처럼 보인다.
스리랑카, 폴로나루와,
갈 비하라 석굴사원,
12세기.

붓다의 일생

43

미술가의 관심을 가장 많이 사로잡은 것은 아마도 붓다가 세속의 삶을 마감하고 죽음과 환생의 고리를 끊어 열반에 드는 순간의 모습일 것이다. 붓다가 죽은 시기는 기원전 486년으로 알려져 있다. 늙고 쇠약해진 붓다는 평생 그랬듯이 걸어서 네팔 국경 근처의 작은 마을인 쿠시나가라로 간다. 거기서 붓다는 가까운 제자들에게 마지막 음식을 청하였다. 물질적 탐욕을 금하는 규율에 충실하게 그 음식은 그야말로 '돼지죽'과 같았다. 붓다는 음식을 먹고 나서 심한 복통을 겪었고 제자들에게 흙탕물이 흐르는 작은 강가에 자리를 펴도록 청하였다. 그리고 흙탕물을 맑게 하는 마지막 기적을 행하였다.

붓다는 머리를 북쪽으로 두고 서쪽을 향해 옆으로 누웠으며, 그날 밤 고요히 열반에 들었다. 시신은 제자들이 화장하였다. 붓다는 후계자를 지명하지 않았다. 그래서 미래를 끌고 갈 붓다의 화신이 없었고 불교는 지난 25세기 동안 중심 권위 없이 유지되어왔다. 만일 또 다른 생신불인 미륵보살이 있다면 앞으로 어디선가 나타날 것이다.

역사적인 생신불이 열반에 들기 전 제자들에게 남긴 마지막 설법은 다음과 같다. "이 세상에 존재하는 모든 것은 일시적이고 무상하니, 열심히 정진하여라."

▶
서쪽을 향해 옆으로 누워
열반에 드는 고타마 붓다를
밝게 채색한 조각상.
불꽃 모양 신광은 화장을
표현한 듯하다.
말레이시아, 와불사원.

"나는 이 집(육신)을 짓기 위해 수많은 윤회를 거쳤다.
생명을 받아 되풀이하는 것은 진실로 괴로움이니,
집을 짓는 자여, 그대는 이미 알려졌도다.
다시는 집을 짓지 않으리라.
마음은 고요함으로 돌아가서 모든 애욕은 없어졌도다."

『법구경』에서

붓다의 일생

▶
고타마 붓다의 일생을 그린
탱화. 쿠시나가라의
작은 강둑에서 가까운
추종자들에게 둘러싸여
화장되는 장면이 있으며,
이들이 붓다의 유해를
나누어 가졌다.
티베트, 18세기.

붓다의 일생

# 2
## 세계 불교 성지

불교를 '방랑하는 연꽃'이라고도 하는데, 이는 불교의 역사가 한 문화권에서 다른 문화권으로 전래되는 과정이었음을 뜻한다. 다른 종교와는 달리 불교는 각 지역 토속신앙과 전통에 스스로 적응해왔다. 그 결과 불교는 발상지인 북인도로부터 물결처럼 퍼져 나갔으며, 전파되는 나라마다 그 나라의 특색이 어우러진 독특한 모습으로 발전했다. 그래서 인도 불교는 타이나 캄보디아, 미얀마, 티베트의 불교와 다르다. 중국 불교 또한 이들 모두와 분명한 대조를 이루며 한국이나 일본의 불교와도 차이가 있다. 이처럼 불교의 전파는 단순한 이식이 아니라 토속신앙과 평화로이 융합한 과정이었다. 인도에서 중국으로 대승불교가 전파된 과정은 어떤 황실의 도움 없이 온전히 평화롭게 이루어져 종교 역사상 가장 두드러지는 성과 가운데 하나라 할 수 있다.

고타마 붓다가 죽은 뒤 불교는 상좌불교와 대승불교의 두 갈래로 나뉜다. 이 갈래는 온건하고 우호적인 분위기 속에서 수 세기에 걸쳐 천천히 진행된 것 같다. 이유는 명확하지 않지만, 아마도 붓다가 생전에 세운 계율을 달리 해석한 까닭인 듯하다.

상좌(上座)불교는 인도의 초기 불교 교단이 추종한 것으로서 보다 보수적인 종파다. 상좌불교는 작은 수레를 뜻하는 소승불교라고도 하는데, 낮추어 부르는 뜻이어서 자주 사용하지는 않는다. 이름이 풍기는 이미지와는 달리 넓게 퍼져 있으며, 붓다의 가르침에 보다 충실하다. 상좌불교는 신비주의 요소를 포함하며, 수많은 힌두 신과 여섯 하늘에 있는 천상의 존재를 인정하지만, 주로 고타마 붓다에 초점을 맞춘다. 상좌불교의 탱화에는 관세음보살이 많이 나오는데, 지역에 따라 이름이 다르다. 타이에서는 로케스바라, 미얀마에서는 로카나트로 부른다.

◀◀
모니와 지역에 있는
천 개의 붓다,
미얀마

▶
아잔타 석굴사원
10번 석굴의 천장에 그린
천 개의 붓다 부분.
인도, 마하라슈트라 주,
2세기.

1세기경에 보다 진보적인 두 번째 종파가 상좌불교에서 갈라져 나왔다. 대승(큰 수레)불교로 알려진 이 종파는 깨달음에 이르는 방법을 다양화하고 중생을 제도하기 위해 자신의 득도를 늦추는 보살(菩薩, 붓다가 되기로 예정된 사람)의 역할을 내세우는 등 불교에 대한 독특한 해석을 강조한다. 또한 생신불과 선정불의 초자연적이고 복합적인 우주론을 제시하며, 이는 관련 미술작품에 잘 나타난다. 여러 해 동안 분파운동이 계속되어 신비적인 티베트 밀교부터 엄격한 선(禪) 위주의 선종(禪宗)까지 다양한 종파로 나뉘었다.

두 종파는 각각 다른 방향으로 전파되었다. 상좌불교는 남인도에 널리 퍼졌고, 스리랑카로 전해진 다음 미얀마를 통해 동쪽의 타이, 인도차이나 지역으로 퍼져 나갔다. 대승불교는 북쪽으로 전파되었는데, 먼저 네팔에 전해진 다음 티베트를 통해 몽고와 중국에 전해지고 마지막으로는 동쪽의 한국과 일본으로 퍼져 나갔다. 각 종파는 중국 도교나 일본 신도(神道)와 같은 토속신앙과 성공적으로 융합되었다.

불교 조각과 회화는 나라마다 전통 양식을 쉽게 받아들였고, 결국 인도의 영향은 점차 사라져갔다. 또한 여러 붓다의 이름과 역할, 심지어는 성(性)까지도 바뀌었다. 우리나라에서 관세음보살로 부르는 인도의 아바로키테슈바라 보살은 중국에서는 관인으로, 일본에서는 칸논으로 바뀌었다. 네팔과 티베트의 수호불이자 대승불교의 가장 널리 알려진 이 남성 보살은 여성으로 변하여 자비의 여신으로 많은 사랑을 받고 있다.

◀
링인시 주변 바위에 조각된 불상. 불상 아래 바위틈에서 한 소년이 내다보고 있다. 중국, 저장성, 항저우, 10~14세기.

탑 앞에 반쯤 누운 특이한 모습의 불상. 미얀마.

세계 불교 성지

# 인도

인도는 붓다가 태어난 곳이다. 석가모니는 히말라야 산자락의 크고 작은 길을 돌아다니며 구도의 길을 시작하고 완성하였다. 따라서 불교미술이 인도에서 시작되었다는 추측은 일리가 있다. 그렇지 않더라도 적어도 인도의 영향은 부인할 수 없다. 붓다의 일생에서 중요한 사건이나 기적이 일어난 불교 성지도 모두 인도에 있다. 붓다가 열반에 든 뒤 제자들은 붓다를 기념하는 돔 모양의 사원이나 탑을 세웠으며, 종교 의식과 설법을 행하는 장소로 사용하였다.

▶
붓다의 일천(一千) 화신을 묘사한 벽화 부분.
인도, 5~6세기.

인도

▲
누워 반열반에 드는
고타마 붓다. 불상 위로
불교에서 보호의 상징인
깃발과 전통 우산이 보인다.
북인도, 쿠시나가라.

▶
자비의 보살 관세음보살의
여성 모습인 타라.
신화에 의하면 타라는
관세음보살의 눈물에서
탄생했다고 한다.
연꽃무늬의 두광 주위에는
공물을 바치는 남성을
비롯한 여러 인물이
조각되어 있다.
인도, 10세기.

최초의 불교 기념물은 네 곳에 세워졌다. 첫 번째는 룸비니(카필라)로 고타마 싯다르타가 태어난 곳이며, 오늘날 네팔 영토다. 두 번째는 갠지스 강 유역의 부다가야로 붓다가 득도한 장소며, 세 번째는 최초로 설법한 사르나트(녹야원)고, 네 번째는 열반에 든 쿠시나가라다. 이들 초기 사원은 붓다가 20년 이상 머문 슈라바스티(사위성, 기원정사가 있던 곳), 붓다가 하늘에서 내려온 삼카샤, 붓다가 타락한 제자인 제바달다의 암살기도를 여러 차례 이겨내고 자주 찾은 라자그리하(왕사성), 붓다가 큰 역병을 멈추게 한 적이 있는 바이샬리 등지로 확산되었다. 이들 지역이 오늘날 8대 불교 성지다.

인도

"무릇 모든 붓다가 열반의 궁전에 장엄하게
 자리하신 것은 욕심을 버리고 고행하신 때문이며,
 모든 중생이 불타는 집에 갇혀 윤회를 거듭하는 것은
 탐욕을 버리지 않기 때문이다."

원효대사(한국)

◀
헌화를 받은 고타마 붓다의
석조 좌상.
인도, 비하르 주, 부다가야,
마하보디 사원.

세계 불교 성지

불교 성지에는 불심을 새롭게 다지기 위해 붓다의 발자취를 좇는 순례자의 발걸음이 줄을 잇는다. 붓다의 말씀은 당시 북인도 많은 지성인의 관심을 끌었던 것 같다. 그들 중에는 고대 『베다』 경전을 토대로 한 브라만 문화에 불만인 사람이 점차 늘어나고 있었고, 구시대 문화를 대체할 새로운 문화에 대한 열망이 커지고 있었다. 이런 상황에서 불교의 보편성과 근대성이 그들의 요구에 부응한 것이다. 거기에 북인도 지역 대부분을 지배하던 마가다 국 아소카 왕(기원전 273~232년)의 헌신적인 후원이 불교가 일어서는 데 큰 힘이 되었다.

미래의 자비로운 생신불인 미륵보살 청동 입상.
인도, 마드라스,
팔라바 왕조 시대, 7~8세기.

▲
정교하게 조각된
고타마 붓다의 두상. 인도
서북지역에서 볼 수 있는
간다라풍의 특징인
그리스의 영향이 엿보인다.
인도, 국립박물관.

불교 사원은 당대를 지배하던 힌두교의 위협을 끊임없이 받았으며, 이로 인해 1,000년 정도 뒤부터 쇠퇴하기 시작한다. 8세기경부터 북쪽 이슬람인의 침입에 시달리면서 힌두교도의 호전성이 되살아나 인도의 불교 사원과 대학 들이 파괴되고, 12세기 말에는 많은 수가 약탈되어 방치되기에 이른다. 5세기경 라자그리하를 방문한 어느 중국인 순례자는 이미 그 지역이 방치된 폐허였다고 전한다. 하지만 이는 바이살리처럼 역병 때문인 것으로 보인다.

일부 사원은 송두리째 망실되어 버려지고 잊혔다. 심지어 순례자들의 가장 중요한 목적지였던 부다가야의 보리수조차도 계속 공격을 받아 최소한 한 번 이상 바뀐 것 같다. 이 나무가 원형 그대로 보존된 것처럼 전해지긴 하나, 이는 폐허 속에서 다시 새싹이 자라나 항상 나무가 그 자리에 살아남았기 때문이다.

고타마 붓다의 얼굴과 꿰뚫어 보는 듯한 눈. 인도, 라다크, 틱세 사원의 조각.

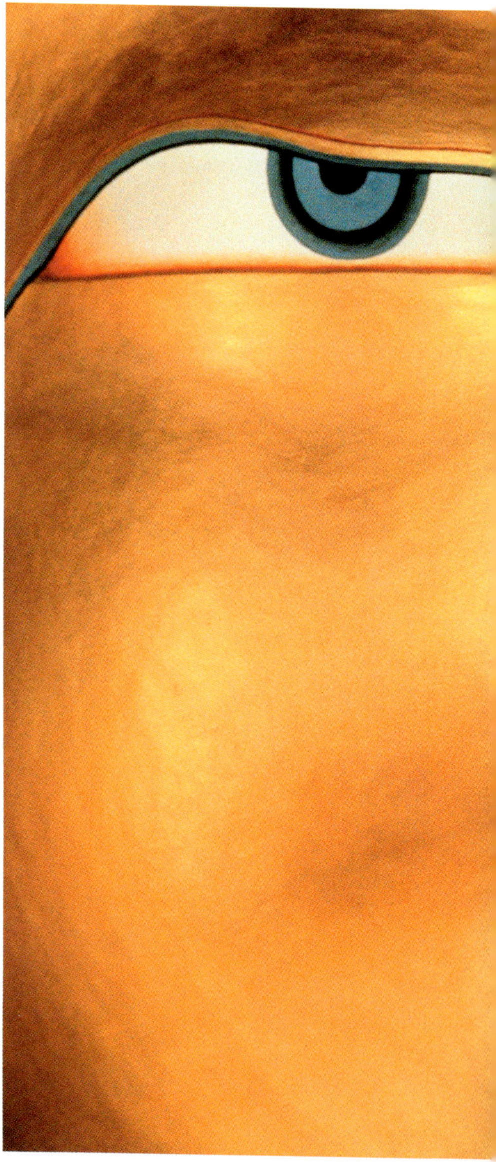

인도

▶▶
히말라야 산 사원에 있는 고타마 붓다의 금동 좌상. 화려한 직물이 감싸고 있으며 앞에는 기도석이 있다.

인도, 히마찰프라데시 주, 스피티 지역의 쿤장라 고개.

오늘날 인도에서는 고대 불교에 대한 중요성을 재인식하고 불교 성지를 보존하자는 움직임이 다시 일고 있다. 이전의 영광을 되찾을 수는 없겠지만 19~20세기에 걸쳐 거의 모든 성지를 발굴하고 정비하였다. 예를 들면 부다가야는 1880년까지 방치되어왔으나, 1945년 이후 인도 정부가 주요 종교 사원으로 공식 인정하고, 지금은 거대한 좌불상을 사원 중앙 방에 안치했으며 '새로운' 보리수가 예전 그 자리에서 번성하고 있다.

처음에는 불상 만들기를 아주 꺼려했다. 붓다는 한낱 개인을 넘어서 초월적인 상태를 나타내는 개념일 뿐 아니라 불교에서는 숭배의 개념이 없기 때문이다. 그래서 초기 조각들은 주로 인간의 모습이 아니라 석가모니 발자국과 법륜 같은 상징적인 형태였다. 법륜은 통상 팔정도(八正道)를 상징하는 8개의 바퀴살로 그려졌지만, 최초의 불교 교단인 승가의 신자 수를 나타내는 천 개의 바퀴살인 것도 있다. 때로는 보리수 아래에 빈 자리를 놓아 붓다가 있음을 상징하기도 하였다. 유대교에서도 텅 빈 하느님 자리 옆을 천사가 지키는 형태로 야훼를 나타낸 경우가 있다.

인도

◀
번쩍이는 왕관과 귀걸이를 한 붓다 흉상.
장식은 티베트 불교미술의 전통으로 지금도 북인도 먼 히말라야 산맥에서 성행한다.
인도, 라다크, 틱세 사원.

▲
연화좌 자세로 앉은 붓다 좌상. 밀랍 주조기법을 사용했다. 인도, 5세기.

세계 불교 성지

쿠샨 왕조 시대인 2세기에 중앙아시아의 인도 식민지인 간다라에서 최초의 불상을 만들었다고 추정하는데, 이곳은 오늘날 파키스탄 북부와 아프가니스탄 북동지역이다. 곧이어 불교의 영향 아래 있던 인도 북부를 중심으로 비슷한 미술품들이 나타나기 시작했으며 이 지역의 가장 오래된 조각은 2~3세기에 만든 것으로 추정된다. 두 지역의 불상은 분명한 차이를 보인다. 대부분 갠지스 강 유역 아그라 근처의 마투라에 모여 살던 인도 미술가들은 입술이 두껍고 인도인 얼굴을 한 요가 수행자의 모습을 만들어낸 반면, 간다라미술은 고대 그리스의 영향이 엿보인다(86~91쪽 참조).

처음에는 이들 모두 깨달음에 이르는 과정에 초점을 맞추어 고타마 자체보다는 그의 행동과 그를 둘러싼 전설을 묘사하였다. 폐허가 된 룸비니에서 고타마의 탄생에 관한 초기 조각이 일부 발견되었는데, 어머니 마야를 기리는 사원의 벽에 얕은 돋을새김으로 장식되어 있었다.

"과거와 현재와 미래의
모든 붓다의 본성을
이해하려면, 우주 만물이
오로지 마음에서 생겨남을
생각해야 하리."

찬불가(중국)

▶
전법륜인 자세를
취한 붓다 석조부조 좌상.
인도, 마하라슈트라 주,
아잔타 석굴사원 부분, 2세기.

# 네팔

붓다가 살아 있던 당시 네팔은 인도와 티베트 승려들이 만나는 지점이었다. 또한 네팔은 2세기경 대승불교의 기초를 닦은 용수보살(나가르주나)이 설법한 장소로도 알려져 있다. 네팔에서 상좌불교는 4, 5세기까지는 흥성하지 못했다.

오늘날 네팔에서는 힌두교가 지배적이지만 힌두교와 불교를 함께 믿는 사람이 많다. 카트만두에서는 상좌불교를 찾아볼 수 있지만 인도 라다크처럼 문화적으로 티베트에 가까운 북부 산악지역에서는 대승불교가 지배적이며 사원도 3,000여 개에 이른다. 네팔의 불교도는 1950년대 중국 공산정부가 티베트를 점령했을 때 피난민이 넘어오면서 크게 늘어났다.

◀

머리, 귀, 눈 모습이
특이한 불상.
네팔, 카트만두,
스와얌부나트 사원.

**74~75쪽**

고타마 붓다의 거대한 석상.
작은 시자(侍者)가 곁을
지키고 있다.
네팔, 카트만두,
스와얌부나트 사원.

**76쪽**

투명한 옷을 입고
신광을 배경으로 서 있는
고타마 붓다 석상.
네팔, 카트만두.

**77쪽**

보드나트 탑에 있는
화려하게 장식된 고타마 붓다
조각상. 설법할 때의 모습인
설법인 자세를 취하였다.
네팔, 카트만두.

세계 불교 성지

# 스리랑카

스리랑카는 기원전 5세기에 벵골에서 이주한 신할리족이 살고 있으며, 초기 불교가 확고한 토대를 마련한 곳이다. 이 때문에 고대 힌두 신화에서는 신할리족을 악마로 묘사하는 경우가 종종 있다. 전설에 따르면 기원전 3세기에 아소카 왕의 아들 마힌다가 스리랑카에 불교를 전했다고 한다. 기원전 250년경에 아소카 왕의 딸이 보리수 나뭇가지를 스리랑카에 가져가 심었다는 이야기도 있는데, 그곳이 바로 고대 수도인 아누라다푸라에 있는 거대한 불교 사원, 마하비하라 사원이라고 한다.

스리랑카 역사서인 『마하밤사[大史]』를 비롯한 경전은 기원전 1세기에 3만 명의 불교도가 스리랑카로 옮겨 와 여러 사원을 세운 것으로 기록하고 있다. 하지만 아마도 그보다는 더 늦은 시기에 순례자들이 불경을 전했을 가능성이 더 크다. 이들 중에는 5세기경 이곳을 방문한 중국 승려 법현(法顯)도 있는데, 법현이 쓴 여행기는 당시를 엿볼 수 있는 몇 안 되는 책으로서 가치가 있다.

▲
명상에 잠긴 고타마 붓다의 좌상. 높이 50m.
스리랑카, 딕웰라.

스리랑카

"괴로움은 탐욕(貪慾)과 악의(惡意)에서 일어난다.
그러므로 괴로움에서 영원히 벗어나는 길을
밤낮을 가리지 말고 생각하고 또 생각하라."

고타마 붓다

▶
연화좌 자세로 앉은 붓다.
후광이 햇빛처럼 빛난다.
스리랑카.

▼
길이 12m 정도의 거대한
고타마 붓다 석조 와상.
반열반에 드는 모습.
승려들이 모여
경배 드리고 있다.
스리랑카, 폴로나루와,
갈 비하라 석굴사원,
12세기.

"경전 밖에 따로 전하니(教外別傳)
문자에 의존하지 아니하고(不立文字)
사람의 마음을 곧장 가리켜(直指人心)
자성(自性)을 보고 붓다를 이룰지니라(見性成佛)."

달마선사(중국)

스리랑카에서도 한때 상좌불교가 번성한 시기가 있으며, 뛰어난 불상 중 몇몇을 상좌불교 사원에서 볼 수 있다. 미술작품의 양식은 시대에 따라 둘로 나뉜다. 아누라다푸라가 문화의 중심지이던 3~10세기에는 인도 동북지역의 양식을 따랐다. 문화의 중심지가 폴로나루와로 바뀐 13세기에는 잠시 다른 유파가 성행했다. 그러나 그 뒤 열강의 연이은 침입과 식민통치로 불교미술이 제대로 꽃피지 못하고 만다.

▲
불상의 머리 부분.
스리랑카, 폴로나루와.

▶
거대한 고타마 붓다의
와상 곁에 팔을 겹치고
경건하게 서 있는
불교 귀의자 입상.
스리랑카, 폴로나루와,
갈 비하라 석굴사원,
12세기.

"모두들 밥으로
주린 창자를 채울 줄은
알면서도 불법을 깨우쳐
무지한 마음을
고칠 줄은 모른다."

원효대사(한국)

스리랑카

스리랑카

◀

승려들이 들고 다니는 우산의 천 조각이 불상 가까이에 매어져 있다. 이것은 애초 왕실의 상징이었으나 지금은 자연력으로부터 붓다를 보호하는 의미를 지닌다. 스리랑카, 폴로나루와, 갈 비하라 석굴사원, 12세기.

▲

미래의 생신불인 미륵보살의 작은 석상. 스리랑카 티리야야에서 발견. 7~8세기 아누라다푸라 시대에 만든 것으로 추정.

세계 불교 성지

# 아프가니스탄과 파키스탄

상좌불교는 대체로 남방에 전파되었지만 그 예외가 아프가니스탄이다. 실크로드를 따라 성립된 두 왕국, 즉 카이버 패스에 걸친 오디야나와 그 북쪽의 박트리아(오늘날 발흐) 왕국에서 금강승(金剛乘)이라는 또 다른 유파가 확립되었다. 전설에 의하면 기원전 6세기에 상인 형제가 불교를 박트리아에 전했다는데, 실제로는 기원전 349년에 금강승파가 상좌불교에서 나온 뒤 전해졌을 가능성이 높다. 금강승파는 다시 여러 작은 유파로 나뉘는데 그 중 일부가 바미안 계곡에 자리를 잡았다. 바미안은 최근 이슬람 근본주의자들인 탈레반이 거대한 불상들을 파괴한 사건을 계기로 세상에 널리 알려졌다.

아프가니스탄 동부는 한때 고대 인도의 영토인 간다라 지역을 포함하는데, 이곳에서 인간의 모습을 한 불상이 처음 만들어졌으며 아프가니스탄 미술가들은 대부분 간다라풍을 따랐다.

▶
회색 점판암에 정교하게 조각된 고타마 붓다 좌상. 얼굴과 옷에서 간다라 미술의 특징인 그리스 영향을 볼 수 있다. 북서인도 / 파키스탄, 2~3세기.

아프가니스탄과 파키스탄

간다라 미술의 두드러진 특징 가운데 하나는 고타마 붓다와 보살들이 인도의 수행자라기보다 고대 그리스의 신처럼 보인다는 점이다. 얼굴, 특히 눈과 코와 입의 모양은 분명히 유럽적이며 옷도 그리스 조각에서 나타나는 것과 비슷하다.

이는 알렉산더 대왕 때문이다. 알렉산더 대왕은 기원전 330년에 박트리아와 오디야나를 비롯한 이 지역 대부분을 정복하고 헬레니즘 왕조를 세웠으며, 이 왕조는 기원전 317년까지 유지되다가 인도에 의해 정복되었다. 이 고대 인도 왕 가운데 마우리아 왕조의 아소카 왕은 상좌불교를 강력히 후원했다. 기원전 2세기에 그리스어를 사용하는 일부 지방군벌이 오디야나에서 마우리아 왕조에 대항하여 반란을 일으켜 집권하였는데 이때 다시 한번 헬레니즘이 크게 영향을 미쳤다. 그들은 상좌불교를 억압하였으나 메난드로스 왕(기원전 155~130년) 치하에서는 한동안 적극적인 지원을 받았다.

아프가니스탄은 불교에 은혜와 불행을 함께 가져다주었다. 긍정적인 면에서 보면, 아프가니스탄은 티베트와 중국으로 이어지는 실크로드의 길목에 있어 불교 승려들이 자주 오가면서 교리를 전하고 사원을 세웠다. 그러나 한편으로는 중앙아시아의 전략적 요충지로서 수세기 동안 주변의 침략과 위협에 시달렸고 불교 역시 같은 시련을 겪었다.

아프가니스탄과 파키스탄

▶
나무줄기로 정교하게
짠 듯한 특이한 모양의
대좌 위에 앉은 미래의
생신불 미륵보살 석조 좌상.
파키스탄, 쿠샨 왕조 시대,
2~3세기.

▼
간다라 양식 석조 부조.
미래의 생신불인 미륵보살의
탄생을 기다리는 모습.
파키스탄, 쿠샨 왕조 시대,
3세기.

"법(法)에는 말과 형상이 없지만
말과 형상을 떠난 것도 아니다."

의천대사 (한국)

89

페르시아 사산 왕조의 침입이 있던 3세기에, 상좌불교의 한 유파가 카불 북서쪽으로 230km 가량 떨어진 힌두쿠시 산속 바미안 계곡의 사암절벽 전면에 두 개의 거대한 불상을 조각하였다. 이 대역사는 3~4세기에 걸쳐 이루어졌는데 하나는 높이가 55m이고 다른 하나는 33m에 달하여 여행객의 경탄을 자아낸다. 조각가들은 붓다의 얼굴 표정과 손, 옷 주름을 만들기 위해 진흙과 밀짚을 사용했다고 한다. 큰 불상은 붉은색, 작은 불상은 푸른색으로 칠하고 손과 얼굴은 금으로 장식하였다.

그 뒤 7~8세기에는 아랍 우마이야 왕조에 의해 이슬람이 팽창하면서 아프가니스탄의 불교는 위축되었다. 하지만 불교 승려들이 이 지역을 탈출함으로써 불교 전파를 오히려 촉진하는 긍정적인 효과도 낳았다. 이 어려운 시기 동안 불교는 변방의 가난한 농촌으로 밀려나 일부 사원에서 간신히 명맥을 유지했으며, 아프가니스탄 불교미술의 전통도 한동안은 살아남았다. 그러나 이슬람이 지배하던 1321년에 결국 불교는 불법으로 내몰리고 말았다. 그 뒤 아프가니스탄에서 불교가 융성했다는 역사 기록은 없다.

수세기가 흐르는 동안 바미안의 불상은 자연풍화와 침략자들에 의해 손상을 입었다. 그리고 2001년에는 편협한 탈레반의 공격을 받아 크게 파손되었다. 오늘날 스리랑카 공예가들의 기술을 빌어 바미안의 불상을 재건하는 계획이 추진되고 있다고 한다.

▶
힌두쿠시 산 바미안에 있는 절벽 전면에 조각된 입불상 두 개 중 하나. 2001년 탈레반이 파괴하기 전 모습. 아프가니스탄, 3~5세기.

아프가니스탄과 파키스탄

세계 불교 성지

# 미얀마

상좌불교는 주로 인도의 남쪽과 동쪽인 미얀마, 타이, 말레이시아, 캄보디아, 라오스로 전파되었다. 인도차이나로 알려진 이 나라들은 인도와 중국 사이에 있어 수천 년 동안 양쪽의 문화적 영향을 받아왔으며, 전 지역에 수많은 불교 사원이 세워지고, 불교미술과 건축이 화려하게 꽃피어났다. 가장 인상적이고 아름다우며 가장 오래된 불상 몇몇도 이곳 동남아시아에서 찾아볼 수 있다. 다른 지역과 마찬가지로 이 지역에서도 불교가 종교로서 성공을 거둔 가장 큰 이유는 토속신앙을 인정하고 받아들이며 융합했기 때문이다.

불교 전래의 가장 오랜 성공사례는 아마도 미얀마(1989년까지는 버마)일 것이다. 그 이유는 인도에 가장 가깝기 때문이다. 미얀마는 인도와 동남아시아가 만나는 길목에 있다.

"붓다는 본래 붓다가 없는데도 억지로 이름 지은 것이요,
나는 본래 내가 없는 것이므로
일찍이 어떤 물건도 있은 적이 없다.
자성(自性)을 보아 깨달음을 마치니
법(法)이 본래 공(空)하면서도 비공(非空)임을 알았다.
묵묵한 마음이 참된 마음이요,
적적한 지혜가 참된 지혜다."

혜철대사(한국)

◀
고타마 붓다의 와상.
현대 작품. 미얀마,
파간에 있는 사찰.

세계 불교 성지

"내가 설한 법과 계율이
내가 죽은 뒤 너희의 스승이 될 것이다.
그대들은 변함없이 구도의 길을 정진하라."

『경장(經藏)』에서

▼
불가사의한 웃음을 띠고
항마촉지인 자세를 한
불상들. 미얀마, 양곤,
슈웨다곤 탑.

▶
만달레이 언덕에 서 있는
거대한 불상.
미얀마, 만달레이.

▲
항마촉지인 자세를 취한
고타마 붓다의 현대 조각상.
미얀마, 파간,
파야톤주 사원.

▶
아주 공들여 만든 금동불상.
곁에서 수호신들이
시위(侍衛)하고 있다.
미얀마, 양곤,
슈웨다곤 탑.

미얀마는 크메르인, 인도인, 중국인 등으로 이루어진 다민족 국가이지만, 현재 인구의 80% 이상이 불교도이고 그들 대부분이 상좌불교를 믿는다.

지난 수세기 동안 미얀마 불교의 중심지 중 하나인 파간은 11세기에 미얀마 중앙부를 흐르는 이라와디 강 유역에 건설되었다. 200년 동안 미얀마의 통치자들은 계속해서 이 도시 가까이에 수많은 사찰을 세웠으며, 이 사찰들은 왕궁이 폐허로 변한 수백 년 세월 속에서도 원형을 그대로 유지하고 있다.

"하늘을 나는 새가 날개를 가지듯
길을 떠나는 수행자도 가사와 바리때를 지녀야 한다.
가사는 몸을 가릴 정도면 충분하고
바리때는 굶주림을 면할 정도면 충분하다."

『경장(經藏)』에서

◀
붓다의 독특한 얼굴 모습.
미얀마, 파간, 12세기.

▶
석조 좌불이 거대한 고대
탑의 아름다움을 더해준다.
미얀마, 파간, 11~13세기.

"출가자는 두 개의 극단을 가까이 해서는 안 된다.
하나는 쾌락을 추구하는 것으로
저급하고 속되며 천박한 길이다.
다른 하나는 고행을 일삼는 것으로
이것 역시 고통스럽고 천박하며 무익한 길이다."

고타마 붓다

세계 불교 성지

▼
금박을 씌운 목조 와불.
얼굴에 표정이 풍부하고
성별 분간이 어렵다.
미얀마, 18세기 초.

▶
파간 어느 사찰 벽면에
조각된 붓다 금동 입상.
미얀마.

미얀마

"사람의 생명은 보석보다 귀하다.
잃기는 쉽지만 다시 얻기는 어렵다.
번갯불만큼 짧은 인생에서 깨달음을 얻으려면
세속의 모든 것을 밀 껍질처럼 버리고
본성을 찾아 밤낮없이 노력해야 한다."

제이 린포체(티베트)

▶
많은 금박으로 장식한
마하무디 불상.
얼굴 말고 각 부분에
겹겹이 쌓은 금박 때문에
해가 갈수록 모습이 변한다.
미얀마, 만달레이,
마하무니 사원. 11세기.

미얀마

"달과 별도 땅으로 떨어질 수 있고
산과 계곡도 무너져 먼지로 변할 수 있습니다.
저 위의 하늘조차도 사라져 버릴 수 있습니다.
그렇지만, 오! 붓다시여,
부디 진리를 말씀해 주십시오."

『흡수왕경』에서

미얀마

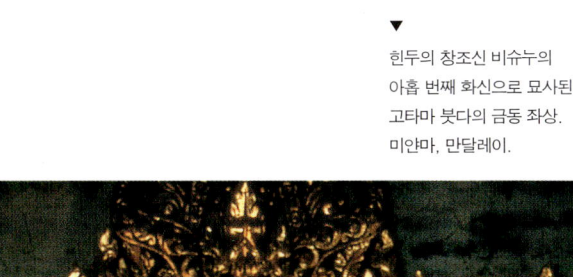

▼
힌두의 창조신 비슈누의
아홉 번째 화신으로 묘사된
고타마 붓다의 금동 좌상.
미얀마, 만달레이.

◀
바퀴로 만든 현대의 불상.
바퀴살에 불교 신자들이
꽂아둔 돈이 보인다.
미얀마.

파간은 유네스코 세계문화유산이며, 동남아시아의 거대 불교 중심지로서 캄보디아 앙코르와트 말고는 견줄 만한 곳이 없다.

파간 북쪽의 이라와디 강 연안에 유명한 만달레이가 있으며, 여기에는 미얀마에서 가장 장엄한 마하무디 좌불상을 모신 마하무니 사원이 있다. 또한 만달레이에는 민돈 왕(1814~78년)이 세운 쿠도도 사원이 있는데, 이 안에는 상좌불교 경전이 대리석 729개에 새겨져 있다. 이 대리석은 세계에서 '가장 큰 책'으로 부르기도 한다. 삼장(三藏)이라는 이 경전은 최초의 불교 교단에서 사용한 문자인 팔리어로 쓰였는데, 팔리어는 대승불교에서 사용한 산스크리트어와는 아주 다르다.

마하무디 불상은 형태가 변하는 것이 이채롭다. 많은 세대를 내려오면서 불교 신자들이 경외를 나타내기 위해 불상에 금박 조각을 붙였다. 이러한 금박 조각이 겹겹이 층을 이루면서 불상의 본래 외형은 보이지 않게 되었고 지금은 오로지 얼굴만 본래 모습대로 남아 있다.

파간 남쪽의 이라와디 삼각주에는 미얀마의 수도인 양곤이 있다. 이 도시는 장대한 슈웨다곤 탑을 비롯해 인상적인 수많은 불상을 자랑한다. 슈웨다곤 탑에는 8개의 불상 머리에 성스러운 유골이 안치되어 있다. 높이 100m의 우뚝 솟은 이 불탑 벽에는 온통 금박을 붙였으며, 지붕은 값비싼 보석들로 치장하였다.

▶
금테 안경을 쓴 익살스러운 불상의 머리. 안경은 한 달에 한번 청소한다. 미얀마, 슈웨다웅, 슈웨미에트만 사원.

"짐승이 끝없는 어리석음으로 인해 고통 받는 모습을 보라.
저 같은 참혹한 업을 버리고 기쁨의 씨앗을 키울지라.
인간의 생은 얻기 어렵고 고귀하나니
괴로움의 근원으로 삼지 말지라.
이를 유념하여 짧은 생을 잘 활용할지라."

용수보살(티베트)

세계 불교 성지

# 타이

타이에 불교가 전해진 것은 기원전 3세기로 알려져 있다. 인도 아소카 왕 시대에 승려들이 불교를 전했으며, 나콘파톰 주의 주도(州都)에 최초의 교단이 설립되었다. 14세기 초에는 상좌불교가 왕국의 지배적인 종교가 되었으며, 리타이 왕(1347~68년) 시대에 그 영향력이 최고조에 달했다. 그의 후원 아래 우주와 존재에 대한 여러 불교 서적을 연구하여 『떼푸미까타』라는 한 권의 경전이 집대성되었다. 이는 30권의 서적을 종합했다는 뜻으로 붙인 이름이며, 타이에서는 최초로 이루어낸 경전 정리 작업이었다.

▶
와트 마하타트 사원의
거대한 불상.
타이 수코타이의
많은 사원에 있는
장대한 불상들 중 하나.

타이

109

◀◀
와트 마하타트 사원의
뾰족탑과 기둥들 위로
우뚝 솟은 거대한 불상의
머리 부분. 타이.

오늘날 타이는 불교 신자가 국민의 95%에 달한다. 모든 남자는 20세가 넘으면 일정 기간 승려로 생활하도록 하며(부엇낙 제도), 전국 각지에 상좌불교 사찰 27,000여 개가 있다. 헌법은 모든 통치자에게 불교신앙을 의무화하고 불교 교단인 승가(僧伽)도 합법화하고 있다. 타이에도 대승 불교 신자가 있긴 하지만, 이들은 대부분 중국인이나 베트남인뿐이며 오렌지색 옷을 입으므로 쉽게 구별된다.

◀
정교하게 조각한
금동 불상 머리 부분.
타이, 14~15세기.

▶
모자이크 방법으로
조각한 금불상.
턱과 목의 주름,
귓불의 홈은 타이 불상의
전형적인 특징이다. 타이.

타이

◀
와트 차크라와트
사원에 있는
금박으로 채색된 붓다.
타이, 방콕.

▲
와트 수타트 사원
벽면에 줄지어 있는
금을 입힌 불상들.
타이, 방콕.

『떼푸미까타』는 타이의 불교문화에 깊은 영향을 미쳤고, 그 결과 수세기에 걸쳐 불교미술이 엄청나게 쏟아져 나왔다. 붓다에 대한 조각과 회화가 타이만큼 많은 나라는 없을 것이다. 또한 붓다를 그린 부적을 많은 사람이 자연스럽게 목에 걸고 다닌다. 부적은 상좌불교 경전에는 근거가 없지만 사람들이 보호와 행운의 징표로 여긴다.

"수행자들아, 나는 인간의 그물과
신의 그물을 모두 벗어났다.
그대들도 역시 신의 그물과
인간의 그물을 모두 벗어났다.
이제 떠나라. 세상에 대한 자비심으로
많은 사람의 이익과 행복을 위해."

『율장(律藏)』에서

타이의 대표적인 거대 불상으로는 타오 섬의 대불상과 방콕 와트 포 사원의 거대한 와불상을 들 수 있다. 와트 포 와불상은 길이 46m, 높이 15m로 속은 벽돌이며 겉에 회반죽을 바르고 마지막으로 금을 입혔다. 그리고 눈은 자개로 장식하였다. 셀 수 없이 많은 작은 불상 중에는 특히 아름다운 조각상들이 있는데, 이들은 인도인과 동양인 혼혈의 매혹적인 모습이다. 그 중에서도 방콕의 와트 벤차마보피트 사원(대리석 사원) 금불상이 으뜸이며 뛰어난 공예 기술과 신광이 돋보인다. 20세기 초에 라마 5세가 세웠으며, 불상 아래에 왕의 시신을 화장한 재를 매장하였다.

▶
형태가 복잡한
불탑의 기단에 있는 좌불상.
타이, 방콕,
와트 차이와타나람 사원.

"아상(我相)에 집착한 이는 법을 믿을 수 없고
깨달음만을 취하는 이는 보리(菩提)의 종자도 심지 못하리.
보리(菩提)의 싹이 자라나서 밝은 빛이 비치려면
고요하게 마음을 관찰해야 하네.
모든 법의 참된 모양은 나지 않고 죽지도 않으며
같지도 다르지도 아니 하며 오지도 가지도 아니 하네."

『범망보살계경』(대승불교)에서

◀
인도와 중국의 영향이
함께 나타나 있는
금을 입힌 불상.
배경을 화려하게
장식하였다.
타이, 방콕의 사원.

타이

"악행을 버리고 선행을 행하라.
생각을 청정하게 하여라.
이것이 모든 붓다께서 행하시는 길이다."

『열반경』(대승불교)에서

◀▼
와트 포 사원에 있는 길이 46m의 금을 입힌 와불상. 타이에서 가장 긴 불상. 타이, 방콕, 19세기.

▶▶
공들여 세운 불탑 앞에서 미소를 띠고 선정에 든 거대한 불상의 머리 부분. 뚜렷한 입술 선이 이 지역 불교미술의 특징이다. 타이, 아유타야.

"삼라만상의 참 성품은 영원하다.
 그것은 변하지 않는다."

『화엄경』(대승불교)에서

▲
나무뿌리 속에서
밖을 응시하는
붓다의 머리 조각상.
아주 오래전 작품으로 추정.
타이, 아유타야.

▶
그로테스크 양식에 가까운
붓다의 두상.
겉에 입힌 금이 아주 밝아서
주위 풍경이 반사되어
보인다. 타이, 아유타야,
와트 야이차이몽콘 사원.

▲
화려하게 장식한 금불상의
머리와 몸통 부분.
머리와 어깨에 불꽃을
상징하는 장식이 보인다.
타이, 방콕.

▶
명상에 잠긴 불상의 머리.
머리털을 곱슬머리 모양으로
세심하게 조각하였다.
타이, 방콕,
14세기 후반.

▶▶
아름다운 푸른 하늘을
배경으로 앉아 있는 거대한
좌불상. 눈동자 말고는 모두
밝은 흰색 돌로 만들었다.
타이 북부, 타톤.

타이

세계 불교 성지

▲
보로부두르 사원
높은 곳에서 고대 불탑들을
굽어보는 석불상.
인도네시아, 자바 섬,
8~9세기.

# 인도네시아

인도네시아는 북서쪽으로 말레이 반도에서 남쪽으로 오스트레일리아까지 넓게 펴진 17,000여 개의 섬들로 이루어진 나라다. 이러한 지리적 여건으로 아주 다양한 문화가 혼합되었는데, 15세기경 이후부터 이슬람의 팽창으로 힌두교와 불교가 침체되었다. 1930년대에 스리랑카의 승려인 네라다 테라가 방문하여 상좌불교에 대한 관심이 다시 일기 시작했지만, 지금도 국민의 87% 가량이 충실한 이슬람교도로서 불교는 소수종교에 불과하다.

인도네시아에 불교가 전해진 것은 4~5세기인데, 당시 이미 힌두교가 수백 년 전부터 자리를 잡아 각 섬의 토속신앙을 대부분 대체하고 있었다. 그 뒤 수세기 동안 불교와 힌두교는 경쟁하며 인도네시아의 4대 주요 섬 중 두 곳에서 자웅을 겨뤄왔으며, 불교는 수마트라 섬에서 위세를 떨친 반면 힌두교는 인근 자바 섬에서 우세를 점하였다.

8~9세기에는 자바 섬 중남부 지역을 통치하던 샤일렌드라 왕조의 마타람 왕국이 힌두교와 불교의 융합을 장려하며 힌두교와 불교 복합사원을 많이 세웠는데, 그 중에서 섬 중앙에 있는 보로부두르 사원이 가장 유명하다. 이 사원은 750~850년에 세워졌는데 캄보디아의 앙코르와트 사원에 비견될 정도로 장대하며 세계 7대 불가사의 중 하나로 꼽힌다. 보로부두르 사원의 면적은 55,000㎡에 달한다.

"마음이 들뜨면 온갖 근심과 걱정이 일어나고
마음이 평온하게 가라앉으면
모든 미혹이 사라진다.
평온한 마음으로 정진하는 자는
비록 집중된 선정력(禪定力)을 얻지 못하였더라도
잡된 세간사에 움직이지 않으리라."

『대승기신론』(대승불교)에서

보로부두르 사원은 만다라(302~305쪽 참조) 형태다. 이 사원은 안산암으로 축조된 거대한 기단 위에 세워졌으며 연꽃 모양이다. 이 지역은 언젠가 홍수로 물에 잠긴 적이 있다고 하는데, 아마 그때 모습은 잔잔한 호수에 떠 있는 거대한 연꽃처럼 보였을 것이다.

보로부두르 사원은 기단 위에 방형(方形)으로 6층, 원형으로 3층을 쌓아올리고 그 정상에 커다란 종 모양 탑을 덮어씌운 구조다. 이는 우주를 구성하는 세 개의 세계를 나타낸다. 제일 아래층은 탐욕의 세계로서 인간은 부정적인 충동의 영향을 받는다. 중간층은 인간이 부정적인 충동을 억제하고 좋은 의지에 따라서만 행동하는 세계이며, 제일 높은 층은 마침내 인간이 모든 물질과 세속의 탐욕에서 벗어난 세계를 의미한다. 이 건축물은 전체가 장대한 탑의 형상이며, 존재도 비존재도 없는 공(空)의 개념을 나타낸다고 한다.

보로부두르 사원의 이러한 구조는 보살이 붓다가 되기 전에 성취해야 하는 열 단계를 상징적으로 나타낸다. 이곳에 오는 승려는 시계방향으로 각 층들 주위를 걸어 정상으로 올라가는데 이는 물질세계에서 완전한 깨달음의 세계로 가는 과정을 뜻한다.

▲
불상의 머리가
석양을 배경으로 뚜렷하게
윤곽을 드러내고 있다.
인도네시아, 자바 섬,
보로부두르 사원. 8~9세기.

인도네시아

"어리석은 자는 다섯 가지 탐욕에 사로잡혀 있다.
그리하여 악마가 그의 몸과 마음을 이리저리 끌고 다니게 한다.
마치 사냥꾼의 어깨 위에서
이곳저곳의 사냥터로 옮겨지는 원숭이처럼."

『열반경』(대승불교)에서

"완전한 깨달음을 얻으면
보살은 모든 속박에서 벗어나 자유로워진다.
그러나 보살은 속박에서 벗어나려고 애쓰지 않는다.
윤회에도 열반에도 집착하지 않는다.
바라밀의 참된 법은 속박도 해탈도 아니다."

『부루나경』(대승불교)에서

이 건축물의 제일 꼭대기에는 선정불 조각상 92개가 사방을 바라보며 앉아 있다. 각 방향을 보는 조각상의 손 모양, 즉 수인(手印)은 같다. 동쪽을 보는 조각상들은 오른손 손가락이 땅에 닿은 항마촉지인(降魔觸地印) 자세다. 남쪽 조각상들은 왼손을 늘어뜨려 손바닥을 밖으로 향한 여원인(與願印) 자세로서 소원을 들어준다는 의미다. 서쪽 조각상들은 명상하는 자세인 선정인(禪定印)이고, 북쪽 조각상들은 두려움을 없애준다는 의미의 시무외인(施無畏印) 자세다. 건축물의 중앙에 있는 조각상들은 설법할 때의 수인인 설법인(說法印) 자세를 취하고 있다.

자바에는 주요 불교사원으로 보로부두르 사원 말고 칼라산 사원과 사리 사원이 있는데 모두 8~9세기에 건립되었다. 이 사원들은 크기가 보로부두르에 미치지는 못하지만 아주 많은 불상이 남아 있다. 이 두 사원 역시 샤일렌드라 시대에 건립되었으며 불교와 힌두교의 복합사원이다. 최근 인도네시아 불교도 사이에서 상좌불교가 되살아나고 있지만, 이 세 사원은 모두 대승불교 계열인 듯하다.

◀
놀라운 불교 건축물인
보로부두르 사원의
탑 속에 있는 불상.
인도네시아, 자바,
8~9세기.

세계 불교 성지

# 캄보디아

메콩 강 하류 지역에 펼쳐진 캄보디아는 상좌불교가 성행하는 국가다. 그러나 1975년 폴포트와 크메르루주의 공산정권이 들어섰을 때 불교 유산과 문화는 대부분 파괴되고 말았다. 승려들은 처형되거나 국외로 추방되었고, 유명한 앙코르와트를 비롯하여 현재 남은 사원과 예술품은 거의 반쯤 혹은 완전히 부서진 상태다.

▼▶
풍화되고 거대한
붓다의 머리 조각상.
캄보디아, 앙코르톰,
앙코르와트. 9~13세기.

캄보디아

캄보디아의 불교 역사는 6세기까지 거슬러 올라가는데, 1세기라는 주장도 있다. 13세기까지는 힌두교와 대승불교가 혼합된 형태였고, 그 뒤 상좌불교가 전해지면서 주류가 되었다. 상좌불교를 전래한 자는 정확하게 알려지지 않았지만, 자야바르만 7세의 아들로서 스리랑카의 승가학교에서 수학한 타마린다 마하테라일 가능성이 크다.

> "어리석은 사람은
> 방일(放逸)에 빠져들고
> 지혜로운 사람은
> 방일하지 않나니
> 더없는 재보를
> 가진 것과 같도다."
>
> 『법구경』에서

▶ 작고 정교한 입불상. 캄보디아, 12세기.

▶▶ 틈새로 들어온 빛줄기에 드러난 석불의 얼굴. 캄보디아, 앙코르톰, 앙코르와트. 9~13세기.

캄보디아 불교 하면 누구나 뛰어난 건축물인 앙코르와트를 떠올린다. 앙코르 유적은 9~13세기에 건립된 엄청나게 많은 사원의 복합체로서 면적이 400㎢에 이르며, 14세기에 크메르 왕조가 쇠퇴하면서 정글 속에 버려져 있다가 1860년대에 프랑스 탐험대에 의해 발견되었다. 수리야바르만 2세(1113~50년) 때 대부분 건립된 앙코르와트는 종교 건축물로는 그 규모가 세계에서 가장 크며, 면적이 200ha이고 3개의 거대한 회랑이 있다. 다행히 이 사원은 크메르루주가 불교를 말살할 때 화를 모면했다. 이 사원의 가운데에 우뚝 솟은 거대한 중앙탑은 연꽃봉오리 모양인데, 이는 힌두교에서 우주의 중심으로 여기는 수미산을 상징한다.

앙코르와트에 있는 바이욘 사원은 12세기에 세워졌는데, 지금은 파괴된 탑의 잔해가 널려 있으며, 벽면에는 자야바르만 7세의 얼굴이 200개 이상 조각되어 있다.

"아, 이 몸은 머지않아
다시 흙으로 돌아가리라.
의식은 사라지고 육신은 버려진다.
마치 쓸모없는 나무 조각처럼."

『법구경』에서

◀
미소 짓는 붓다의 부조.
돌들을 모아 조각한 것으로
독특한 기하학 양식을
보여준다.
캄보디아, 앙코르톰,
앙코르와트, 9~13세기.

세계 불교 성지

▲
작은 불상들이 안치된
벽감이 있는
내벽 앞 선반의 좌불상.
라오스, 비엔티안,
와트 시사게트 사원, 천불탑.

"어리석은 자가 자신의 어리석음을 알면
그는 이미 현명한 자다.
자신을 현명하다고 생각하는 자
그는 실로 어리석은 자가 되나니."

『법구경』에서

# 라오스

라오스는 타이와 베트남 틈바구니에 낀 내륙 지역으로서 미얀마와 캄보디아와도 국경이 맞닿아 있다. 인도차이나 지역에서 대체로 약세를 면치 못한 라오스는 이 지역 패권자이던 앙코르 왕조가 쇠퇴기에 접어든 14세기 중엽에 타이 왕자인 파응음이 라오스에 독립왕국을 세워서 성립되었다. 파응음은 앙코르에 머무는 동안 만난 상좌불교 승려에게 감화를 받아서 상좌불교를 국교로 삼았으며 이것이 지금까지 이어져 내려오고 있다.

상좌불교가 여러 곳에 흩어진 라오스의 부족을 결속하는 데 성공했고, 1975년 공산정권이 들어섰을 때에도 그런 역할을 했다는 주장에 일리가 있다. 인접국가인 캄보디아의 폴포트 공산정권과는 달리 라오스에서는 파테트라오 공산정권이 평화적으로 들어섰고 불교도 가혹하게 탄압하지 않았다. 그 대신 라오스 공산정권은 불교가 공산주의 체제에 순응하도록 해왔고, 승려들에게 애국적이고 공산주의적인 요소를 설법에 반영토록 하였다.

라오스의 첫 수도는 북부 지역의 루앙프라방이었으며, 오늘날 여기에는 정교한 동남아시아 불교미술의 일부가 남아 있다. 라오스의 독특한 불상들은 주로 16~18세기에 조각되었으며 그 가운데 이 나라에서 가장 유명한 불상은 에메랄드 불상이다. 하지만 이 불상은 1778년 타이가 침입했을 때 강제 반출하여 지금의 방콕 와트 프라케오 사원에 안치하였으며 양국 사이에 주요 분쟁거리가 되고 있다. 장대한 프라방 불상도 1782년 타이에 베트남 괴뢰정권이 들어섰을 때 잠시 라오스로 반환되었다가 곧바로 타이로 다시 반출되었다.

세계 불교 성지

# 라오스

라오스 불상의 두드러진 특징 가운데 하나는 손을 양 옆으로 늘어뜨린 자세인데 이를 '비를 부르는' 자세라고 한다. 건기(乾期)가 끝날 무렵 라오스인은 화전(火箭)을 쏘아 올려 비를 기원하는 전통이 있는데, 불상의 특이한 손 모양은 이러한 염원을 담은 것이다. 도시 사원인 와트 시엥 통에는 그런 모양의 목불상과 금을 입힌 불상이 아주 많이 있다. 루앙프라방에서 가장 오래된 사원 가운데 하나인 와트 위수날라트에서는 그런 불상들을 더 많이 볼 수 있다. 또한 팍오 동굴에는 1700년대 초에 만들어진 2,500개가 넘는 불상이 오랫동안 방치되어 왔다.

◀
이들 불상의 양팔을
늘어뜨린 자세는
'비를 부르는' 자세로
알려져 있다. 라오스.
루앙프라방, 팍오 동굴,
18세기 초.

세계 불교 성지

라오스의 지금 수도는 비엔티안이며 18세기에 세워졌다. 여기서는 와트 시사케트 사원 천불탑을 볼 수 있는데, 이는 작은 벽감 안에 불상 천 개가 안치되어서 붙은 이름이다. 하지만 세월이 흐르면서 애초의 불상들 상당수가 닳고 깨져 다른 작품으로 교체되었다.

여러 번에 걸친 타이의 침입으로 라오스의 불교미술품은 상당한 타격을 입었다. 1862년 비엔티안에 침입한 타이군은 많은 사원을 파괴하였다. 이때 에메랄드 불상이 안치되어 있던 왕궁 사원 와트 프라케오도 파괴되었는데 1930년대에 재건되었다. 이곳에는 당시 화를 면한 많은 불상이 훼손된 채로 남아 있다. 다행히 와트 시사케트 사원은 '방콕풍' 이라는 이유로 화를 면할 수 있었다.

최근 관심을 끄는 것은 1958년 비엔티안 근처에 만들기 시작한 거대한 불교 조각 공원이다. 여기에는 각종 불상뿐 아니라 힌두 신들의 조상(彫像)도 있다. 그리고 거대하고 경이로운 석조 와불상이 공원 경관을 압도하고 있다.

▲
대부분 1700년대 초에
만든 2,500개 불상 중 일부.
라오스, 루앙프라방,
팍오 동굴.

"성글게 엮은 지붕에 비가 새듯이
잘 수련하지 않은 마음에는 탐욕이 스며든다.
잘 엮은 지붕에 비가 새지 않듯이
잘 수련한 마음에는 탐욕이 스며들지 못한다."

『법구경』에서

세계 불교 성지

"그물에 걸려 물 밖으로 던져진 물고기처럼
이 마음은 악마의 유혹에서 벗어나려고 파닥거린다."

『법구경』에서

# 티베트

불교는 스리랑카를 거쳐 7세기경 북쪽 티베트로 전파되었으며, 처음에는 티베트의 주술신앙인 본교(Bon) 신자의 강한 반발에 부딪혔다. 본교는 먼 옛날부터 오랫동안 주술의식을 행해온 토속신앙으로서 외부의 도전에 저항하였으나, 결국 송첸 감포 왕(617~650년)은 불교 교리에 감화 받아 충실한 개종자가 되었다. 불교를 본교와 원만하게 융합한 사람은 8세기의 전도승인 파드마삼바바다. 그는 티베트 최초의 불교사원인 삼예 사원을 건립하고, 대승불교의 일파인 금강승을 전했다.

금강승은 교리가 보다 자유분방하며 인도 탄트리즘의 의례와 진언에 가깝고, 승가 내에서 상당 수준의 성적 자유를 허용하였다.

사루 사원의 벽화.
티베트, 시가체.

'무한한 수명'을 본질로 하는 아미타불의 화신인 무량수불의 금동상. 장수의 물병을 들고 앉아 명상에 잠긴 모습.
티베트.

힌두교의 의례와 주문을 기록한 탄트라 경전은 잠재의식 속에 깊숙이 잠긴 신비한 정신의 힘을 끌어내는 데 목적이 있으며, 붓다도 신들을 불러내기 위해 이를 사용하였다.

탄트라 경전에 바탕을 둔 밀교는 좌도밀교와 우도밀교, 두 가지 형태가 있다. 좌도밀교는 선정불의 여성적 요소에 초점을 맞추며, 특히 관세음보살(관자재보살)에 대해 그러하다.

▶
절벽 전면의
자연석에 조각된
바리때를 든 거대한 불상.
불상 앞에 전통 옷을 입은
티베트인들이 있다.
티베트, 라사.

▶
티베트의 수호신인
'자비의 신' 관세음보살.
팔이 18개다.
대승불교에서 흔히
볼 수 있는 불상 중 하나로
불교와 고대 티베트 신들이
혼합된 모습.
티베트, 17세기.

티베트

관세음보살은 티베트 불교 조각에서 특별히 중요하다. 이 보살은 불교와 토속신이 혼합한 모습으로 변해 티베트의 수호신이 되었다. 이렇듯 불교는 다른 종교에 대해 포용력을 가지므로 성공적으로 전파될 수 있었다.

티베트에서 불교는 일상생활에 녹아들어 문화의 주요한 부분이 되어왔다. 그러나 1950년대에 이곳을 장악한 중국공산당의 탄압을 받아 수많은 사원이 파괴되고, 달라이 라마를 비롯한 주요 종교 지도자들은 인도, 네팔 등지로 옮겨 그곳에서 불교 교단을 세웠다.

▶▶
세라 사원 아래의 바위 표면에 그린 고타마 붓다. 저 아래의 촌락을 굽어보고 있다. 티베트, 라사 근처.

◀
고타마 붓다의 초전법륜 장면을 묘사한 빛바랜 프레스코풍 그림. 티베트, 17세기.

▶
정교하게 만든 높이 23cm의 무량수불 좌상. 은관을 썼다. 중앙티베트, 13세기.

세계 불교 성지

"삼보의 화신이시며 깨달음을 이루신 성인의 발 앞에
엎드려 마음 깊이 가르침을 구합니다.
깨우칠 수 있는 힘을 베풀어 주소서."

3대 달라이 라마

티베트

◀
절벽 전면에 조각한
불상과 그림. 티베트, 라사.

▼
고타마 붓다가 단칼에
머리카락을 자르는 모습으로,
세속적인 왕궁 생활을
포기하는 순간을
상징적으로 나타낸 그림.
티베트, 18세기.

세계 불교 성지

# 중국

1세기에 대승불교 승려들이 산을 넘는 역경을 무릅쓰고 네팔과 티베트를 지나 중국으로 건너가 최초의 중국 승가를 세웠다고 한다. 2세기까지는 중국으로 넘어온 승려가 없다고 주장하는 역사가도 있다. 정확한 시기야 어떻든 1세기 이후 실크로드로 총칭되는 동서 교역로를 통해 왕래가 잦았으며, 승려들 역시 이 길을 따라 아프가니스탄의 간다라에서 산과 사막을 넘고 중앙아시아(오늘날 신장)를 지나 중국에 이르렀을 것이고 그들이 전한 것은 주로 상좌불교일 것이다.

"쾌락으로부터 근심이 생기고
쾌락으로부터 두려움이 생긴다.
쾌락을 떠난 사람에겐
근심이 없나니
두려움 또한 어찌 있으랴."

『법구경』에서

▶▶
포린 사원 지붕 위로
거대한 모습을 드러낸
34m 높이의 청동불상.
홍콩, 란터우 섬.

▶
제자들과 동행하는
고타마 붓다.
중국, 신장, 카라샤르,
9~10세기.

승려들은 고타마 붓다와 수행자인 보살들, 선정불과 불교 경전에 나오는 여러 인물의 조각상들을 전했다. 그들은 불교와 중국의 토속신앙 사이에 공통점이 많은 것을 발견했다. 예를 들면 열반에 이르기 위해 필요한 적멸의 상태인 불교의 공(空) 개념은 중국 도교에서 말하는 무(無) 개념과 비슷하다.

한편으로는 금욕에 대한 시각처럼 서로 대립하는 점도 있었다. 승려들은 인도의 금욕적인 생활방식을 전했으나, 중국에서는 전통적으로 가족 사이의 유대와 생계를 위한 노동을 중요하게 여겨왔다. 상좌불교보다는 대승불교가 중국의 문화와 어울렸지만, 대승불교와 중국 전통종교들은 수백 년 동안 서로 융합하지 않고 공존해 왔다.

▼
꽃잎 두 겹으로 장식된 연화대좌에서 명상에 잠긴 좌불상. 왼손은 여원인 자세며 오른손은 시무외인 자세로 추정. 중국.

▶
수행자가 되기 전 젊은 싯다르타의 모습을 점토로 만든 흉상. 왕자의 옷차림과 공들인 머리 모양을 볼 수 있다. 중국, 6~7세기.

중국

161

◀
장식한 관을 쓴 붓다.
우저우 산맥 남쪽 사면
윈강 석굴 안의 부조.
중국, 산시성, 다퉁,
5세기 후반.

▶
윈강 석굴 안 벽면에
조각한 불상들과
불교 전설에 나오는 장면들.
중국, 산시성, 다퉁,
5세기 후반.

"깊은 연못이 맑고 고요하듯이
현명한 사람은 법을 듣고
그 마음이 즐겁고 편안해진다."

『법구경』에서

중국

▲
가장 오래된 것으로
알려진 좌불상.
높이 14m. 간다라 양식의
얼굴 모습이다.
중국, 산시성, 다퉁,
윈강 석굴 중 20번 석굴,
460~494년.

5~6세기에 인도에서 승려 보리달마가 중국으로 오면서 변화가 일기 시작한다. 그는 내면을 성찰하는 명상을 중시하는 새로운 유파를 전했는데 이는 후에 선종으로 알려진다. 보리달마는 전설적인 인물임이 거의 확실하지만, 잡념을 없애기 위한 '면벽' 수행법을 창시한 것으로 알려져 있다. 7세기경 선종은 중국에서 확고히 뿌리 내렸으며 '찬(Chan)'이라 한다.

▶
중국인의 얼굴을 한
고타마 붓다의 입상.
후광에 조각한 7개의 작은
불상은 붓다의 화신들로서
붓다의 능력을 나타낸다.
중국.

"그는 나를 욕하고 나를 때렸다.
그는 나를 이겼고 내 것을 빼앗아갔다.
이 같은 생각을 놓지 않으면 그 원망이 그치지 않으리.
그는 나를 욕하고 나를 때렸다.
그는 나를 이겼고 내 것을 빼앗아갔다.
이 같은 생각을 버리면 원망이 곧 그치리."

『법구경』에서

◀◀
절벽 전면에 조각된
세계 최대의 불상.
민장 강, 다두 강, 칭이 강의
합류지점을 굽어보고 있다.
불상의 머리 길이만
13m에 달한다.
중국, 쓰촨성, 러산,
8~9세기.

◀
러산 대불(大佛)은
좌불상인데도 높이가
71m에 달한다.
1,000년도 더 전에
승려들이 조각하였다.
중국, 쓰촨성, 러산,
713~803년.

선종의 유명한 대가로는 중국 선종의 6대 조인 혜능을 꼽을 수 있다. 그는 638년에 태어난 사람으로 대승불교에 이끌려 인도 문화와 중국 정신 그리고 유교의 요소들을 절충하여 집대성하였다.

이들 종교의 진정한 융합은 8세기 당 왕조에서 시작되었으며 11세기 무렵에 완성된 것으로 추정된다. 당시 신선약을 먹으면 영생불멸을 얻을 수 있다는 도교의 개념과 장수에 대한 욕구는 호소력을 잃고 있었고 사람들은 도교를 대체할 새로운 것을 찾고 있었다.

이러한 상황에서 형이상학적 교리와 명상 수행법을 결합한 선종이 대중의 관심을 끌게 되었고 많은 불교 경전이 중국어로 번역되었다. 혜능은 속세를 떠나 살다가 713년경에 남중국 어딘가에서 입적했다. 그는 자신의 계율에 마지막까지 충실하였고 연화좌 자세로 앉은 채 입적했다고 한다. 불교는 혜능이 확립한 종파와 여러 종파가 경쟁하며 계속 퍼지다가 오대10국 시대(907~960년)에 이르러 선종 5가(家)로 정리되었다.

선종이 중국에서 번창한 유일한 종파는 아니다. 송대(960~1279년)에는 천태종과 정토종 같은 불교 종파가 나타났다.

◀
석회석으로 조각한 입불상.
가사를 공들여 조각하였다.
중국, 산시성, 다퉁,
윈강 석굴 중 26번 석굴,
북위 시대, 490~505년.

▶
둥근 중국인의 얼굴 모습을 한 입상 석불.
중국, 허난성, 뤄양,
룽먼 석굴, 5~10세기.

중국

세계 불교 성지

"필요 없는 천 마디 말보다
들어서 마음에 안온함을 얻을 한 마디 말이 낫다."

『법구경』에서

▲
열반에 드는 고타마 붓다의
석조 와상 머리 부분.
불상 앞에는 공물을 바치는
사람들의 작은 조각상이
있다. 중국, 쓰촨성, 다주,
9~13세기.

▶
석굴 사원 밖 바위에
조각한 거대한 붓다 부조.
중국, 쓰촨성, 다주,
9~13세기.

"이 세상은 암흑이고
진리를 바로 보는 자는 드물다.
그물을 벗어난 새처럼
천계에 이르는 자는 드물다."

『법구경』에서

천태종은 『묘법연화경』을 주요 경전으로 삼으며 공(空) 개념과 도덕성, 자비심의 중요성을 강조하고 탄트리즘 신비주의와 명상 수행법을 통합하고 있다. 정토종은 선종과 관계가 밀접한데, 아미타불을 믿음으로써 정토에 이를 수 있다고 보며, 대체로 하층민 속에서 성행하였다. 이는 정토종이 승려 생활과 금욕주의를 거부한다는 점에도 적지 않은 이유가 있다.

중국의 불교미술에서는 인도의 특징이 점차 사라져갔다. 인도 조각에서 나타나는 관능미는 섬세하고 유려한 선으로 대체되거나 중국인의 모습인 꾸밈없는 소박한 조각상으로 바뀌었다. 동양적 특징이 뚜렷한 살지고 웃는 모습의 불상은 오로지 중국과 일본에서만 찾아볼 수 있으며 이는 행운의 상징으로 여겨진다.

◀◀
란터우 섬 지평선을
꽉 채우는 높이 34m의
청동 좌불상.
야외 좌불상으로는
세계 최대. 홍콩, 20세기.

▶
태양을 배경으로
또렷하게 그늘져 보이는
거대한 입불상.
홍콩, 란터우 섬, 포린 사원,
20세기.

중국

세계 불교 성지

▶
자연석에 조각된
미륵보살상이 살진 모습으로
유쾌하게 웃고 있다.
인도의 영향을 찾아볼 수
없는 순전히 중국적인 모습.
중국, 저장성, 항저우,
링인시.

중국

## 세계 불교 성지

> "나는 저녁에는 음식을 먹지 않는다.
> 그리하여 좋은 건강을 유지하느니라.
> 나는 살찌지 않았고
> 활력이 있으며 편안하느니라.
> 그대들도 저녁에 음식을 피하여
> 좋은 건강을 유지하여라."
>
> 고타마 붓다

중국 미술가와 조각가들은 마음속의 모든 생각을 비우는 선종을 선호하는 경향이 있다. 중국 서남부 쓰촨성 러산의 자연석에 조각된 어마어마한 크기의 좌불상은 엄숙하게 선정에 든 모습이 잘 드러나 있다. 이 불상은 8세기에 조각하였는데, 고요하다 못해 초월적인 얼굴 모습에다 반쯤 감은 눈으로 높은 곳에서 세 강이 합류하는 지점을 굽어보고 있다. 세계에서 가장 큰 이 불상은 높이가 71m나 되어, 근처 사찰의 건물들이 난쟁이처럼 보인다. 풍상을 겪은 바위와 바위 틈새에서 삐져나온 풀의 모습에서 오랜 세월을 느낄 수 있다.

▶
엄숙하고 중국적인 좌불상.
중국, 쓰촨성.

중국은 국토가 방대하고 문화 전통도 다양하여 중국의 불교미술을 '중국적'이라고 단순하게 말할 수는 없다. 특히 먼 변방 지역일수록 다른 인접 지역의 영향을 강하게 받았으며, 불상이 조각된 지역과 시대에 따라 인도, 중앙아시아, 티베트, 몽고, 동남아시아 등지의 영향이 다양하게 나타난다.

과거 왕조의 파괴 행위나 1960년대 공산정부의 문화혁명에서 살아남은 중국 불교미술 최상의 작품들이 석굴에서 발견되는데, 간쑤성 둔황 석굴 사원의 작품들은 4~14세기에 만든 것으로 인도 간다라 양식과 중국 양식이 공존한다. 또한 산시성 윈강 석굴의 작품들은 5세기 후반 인도 간다라 양식의 영향을 보여주며, 허난성 룽먼 석굴의 작품들은 6~10세기에 만들어진 것으로 주로 중국 양식을 보여준다.

"악한 일을 멀리 하고
선한 일을 행하며
자신의 마음을 깨끗이 하는 것,
이것이 깨달은 이들의
가르침이다."

『법구경』에서

중국

◀◀
연화좌 자세로 앉은
관세음보살 좌상.
관세음보살의 성은
변해왔으며
중국에서는 관인이라는
자비의 여신이 되었다.
중국, 산시성,
우타이 산의 사원.

◀
화려한 가사와 보석으로
장식한 특이한 모습의 불상.
티베트 승려들이 가져온
야크 버터로 만들어졌다.
중국, 칭하이성, 시닝,
타얼시.

"진리의 물을 마시는 사람은
편안한 마음으로 행복하게 산다.
현명한 사람은 거룩한 성인들의 가르침을
언제나 즐긴다."

『법구경』에서

# 베트남

베트남의 경우에는 불교가 인도와 중국 양쪽에서 전래되었다. 처음 전파된 종파는 인도의 상좌불교로 전래 시기는 2세기 또는 3세기로 추정된다. 고대 수도인 루이라우에 있는 한 초기 사원은 중국으로 가는 인도의 승려들이 자주 들르던 곳이다. 그러나 중국과 맞닿아 두 차례나 중국에 병합되기도 하고, 중국의 대승불교가 넘어와 베트남의 지배 종교가 되었다. 이와 함께 중국의 선종인 천태종과 정토종도 전해졌다.

현재 베트남의 불교 경전은 인도에서 온 팔리 경전뿐 아니라 중국에서 온 대승경전과 아함경에서 유래한 것이다. 베트남에서 가장 유명한 불교 유적은 1844년 티에우트리 왕 때 완공된 티엔무 사원이다. 이 사원에는 높이 20m의 장대한 7층 탑이 서 있다. 이 탑의 각 층에는 금불상이 있었는데 불행히도 20세기에 도난당하고 말았다.

◀
특이하게 초록색으로 채색된 좌불상. 베트남.

▶
신광이 눈으로 채워진 관세음보살상.
마치 모든 일을 보고 있다고 말하는 듯하다.
베트남, 15~16세기.

세계 불교 성지

# 한국

4세기 무렵 중국의 승려들이 선종 불교를 한국에 전하였다. 그 뒤 수백 년 동안 한국의 불교는 세상으로부터 고립된 채 발전해왔다. 최근 들어 한국에서는 많은 사람이 불교 사찰을 찾지만, 남북한 모두 현대화에 주력하는 사회적 분위기 때문에 침체된 그동안의 상황이 크게 바뀌지는 않고 있다.

불교는 15세기 들어 조선 왕조(1392~1910년)에 의해 유학으로 대체되기 전까지 천년 동안 국교로서 최상의 지위를 누려왔다. 한국의 선종은 중국의 초기 선종에서 전래했지만, 중국뿐 아니라 일본 불교와도 다른 독특한 형태로 빠르게 발전해왔다. 한국 불교는 일본 불교보다 훨씬 덜 형식적이며, 중국 선종 본래의 소박한 모습을 간직하고 있다. 산속에 작은 사찰들이 흩어져 있고 저마다의 전통을 갖지만, 서로 다른 여러 종파가 하나의 종단 아래 결속되어 있다.

▲
어린 싯다르타가
일곱 걸음을 걷는 모습을
그린 탱화. 조계사의 벽을
장식하고 있다.
서울, 20세기.

▶
깨달음을 얻은
보리수 아래에 앉은
고타마 붓다.
설법인 자세를 하였으며,
제자들이 가르침을
듣고 있다.
서울, 조계사 벽화, 20세기.

수세기 동안의 억압에도 불구하고 한국에는 놀라울 만큼 많은 불교 사찰과 미술품이 보존되어 왔다. 9세기에 성립된 선종의 아홉 개 유파인 9산은 오랜 세월 속에서도 그 명맥을 유지해왔으며, 뛰어난 고승들도 나타났다. 한국에는 불교회화가 조각만큼이나 많다.

한국의 불교가 대승불교인 것은 전래지가 중국임을 감안하면 그리 놀랄 일은 아니다. 중국에서와 마찬가지로 석가모니 다음으로 많이 나타나는 불상은 선정불인 아미타불이며, 관세음보살과 미래불인 미륵불도 많이 나타난다.

▶▲
득도의 순간이
화강암으로 조각된 좌불상.
경주, 석굴암, 8세기.

▶▶
불화(佛畵) 앞에 서 있는
금을 입힌 불상.
설법인 자세를 하고 있다.
대조사.

▶▽
붓다의 일천 화신 개념에
따라 만든 천불상.
서울, 봉원사.

한국

▲
무수히 많은 붓다를 그린
아름다운 벽화 앞에 있는
금을 입힌 불상.
합천, 해인사, 9세기.

오늘날 한국에서 가장 중요한 종파는 조계종이며, 그 본산인 조계사는 1910년에 건축되었고 주요 사찰로는 유일하게 서울 사대문 안에 있다. 이 사찰의 이름은 중국 선종의 6대조인 혜능선사가 살던 산 이름을 따서 붙인 것이다. 수도권 남한강 유역에 있는 신륵사는 한국 선종의 최대 본산으로 본당에 아미타불을 모신다. 신륵사는 13세기에 건립되었는데 17세기 임진왜란 때 소실되었다가 1928년에 중건되었다. 조계사와 같이 불교 탱화가 많다.

뛰어난 사찰 중에는 산꼭대기 부근에 있는 것이 많다. 부산의 금정산 꼭대기 부근에 있는 범어사는 7세기에 건립된 것으로 알려졌는데, 가장 오래된 비로자나불 그림으로 유명하다.

동해 가까운 산에 있는 낙산사에서도 인상적인 관세음보살상을 찾아 볼 수 있다. 671년에 건립된 이 절은 관세음보살의 이상 그대로 자비심을 중요하게 여긴다. 대웅전에는 훌륭한 관세음보살상과 여러 작은 보살상을 모셨으며, 한국 목공예 기술을 유감없이 보여준다.

▶▶
연화대좌에 앉아
여러 가지 손 모양을 보이는
금불상들. 고창, 선운사.

▶
사찰 지붕 위로 우뚝 솟아
보이는 석불 입상.
두광은 금속으로 정교하게
만들었다. 대전, 법주사.

세계 불교 성지

# 일본

아시아 대륙을 가로질러 퍼져나간 불교가 마지막으로 꽃피운 곳이 일본이다. 불교가 승려들의 발품으로 전파되고 도중에 강력한 저항에 부딪히는 경우도 흔하므로 지리적 여건상 발상지인 북인도에서 태평양의 섬까지 전해지기에는 상당한 기간이 걸릴 수밖에 없었다.

▼
높이 16m의 청동 비로자나불상. 청동 불상으로는 세계 최대. 불상의 머리는 화재와 지진으로 여러 차례 교체되었다. 일본, 나라, 도다이지, 8세기 (불상 머리는 1962년).

▶
일본 신곤 불교(진언종) 사찰 밖에 있는 불상. 일본, 와카야마 현, 코야 산.

세계 불교 성지

일본의 대승불교는 중국과 한국 양쪽에서 전래되었다. 중국에서와 마찬가지로 일본에서도 외래종교인 불교와 토속신앙은 비록 완전히 융합하진 못했지만 서로 합리적으로 공존할 수 있었다. 일본 토속신앙인 신도(神道)는 가미(신)에게 기원하는 오랜 전통의 신앙으로서 중국 도교와 비슷한 점이 많다. 하지만 이들은 분명한 도덕적 교리가 없고 정기적인 행사와 의식에 의존하였는데, 불교는 이것을 변화시켰다.

일본에서 불교가 성공할 수 있었던 주요 요인 중 하나로 신도 사원에 대한 유연한 태도를 들 수 있다. 또한 불교 보살을 신도의 신과 동질화하여 일반인이 쉽게 받아들였다. 실제로 일본 불교 사찰들에는 신도의 요소가 많이 포함되어 있고 신사들 역시 불교 요소를 내포한다. 일본 본토에는 신도와 불교에서 숭배하는 조상(彫像)들을 나란히 안치한 경우가 많다.

◀
일본 상류층의 깃털 모자와 부채 등 일본 스타일이 분명하게 나타난 목조불상. 일본, 무로마치 시대, 1392~1568년.

▲
상아로 만든 작은 좌불상. 조각가 마사토시 작품. 일본, 20세기.

일본에 불교가 전래된 시기는 6~7세기로 알려져 있으며, 쇼토쿠 태자(572~621년)의 후원으로 널리 퍼졌다. 그는 많은 신도 신자에게 불교 사상을 받아들이고 개종하도록 설득했다고 한다. 한편 일본 역사서인 『일본서기』에 의하면 불교는 552년 한국에서 전래하였다. 한국의 승려들이 일본인에게 중국어로 쓰인 불경을 가르친 것은 사실일 것이다. 당시 불교 용어로 중국어를 사용하는 관습이 확립되었고, 이는 오늘날까지도 이어지기 때문이다.

불교 경전 중에 어느 경전에 중점을 두느냐에 따라 여러 종파가 생겨났다. 초기 종파 중 하나인 케곤(일본 화엄종)은 『화엄경』의 가르침에 근거를 두었다. 밀교도 일본인이 쉽게 받아들일 수 있는 종파였는데, 최고의 고승으로는 코보대사(774~835년)를 들 수 있다. 그는 신곤(眞言宗)의 창시자로 알려졌으며, 본산은 와카야마 현 코야 산으로 코보대사가 묻힌 곳이다.

▶▶
높이 11.3m의 거대한 청동 아미타불상. 가마쿠라 대불(大佛)로 알려져 있다.
일본, 동경 근처 가마쿠라, 1252년.

일본

중국에서 받아들인 천태종에서도 여러 유파가 나왔다. 조도신슈(淨土眞宗)도 그 중 하나인데, 승려 신란(1173~1262년)이 대중화하였다. 이 종파는 아미타불을 주로 섬기는데, 아미타불의 힘을 빌려 정토에 태어날 수 있다고 믿는다. 니치렌슈(日蓮正宗)는 니치렌대사(1222~1282년)가 연 종파로 『묘법연화경』에 근거를 둔다.

선종에 대해서는 가마쿠라 시대(1185~1336년)에 와서야 관심이 일었다. 선종의 금욕주의는 일본인의 정신과 맞아떨어져 중세에 임제종과 조동종 두 갈래로 넓게 퍼져나갔다. 임제종을 창시한 에이사이대사는 12세기 후반에 중국에서 선을 공부하고 돌아왔다. 임제종은 주로 일본 지식층에서 신봉했고, 교토 인근의 '5산'이라는 5개 사찰이 그 중심이었다. 조동종은 초기에는 교세가 미약했으나, 일반인이 널리 받아들이면서 임제종을 능가하였다. 본산은 요코하마에 있으며, 오랫동안 결가부좌 자세를 취해야 하는 명상수행법을 가르쳤다.

▲
불상이 새겨진 칼날막이.
일본, 18세기.

▶
거대한 신광을 배경으로
여러 겹으로 된 연화대좌에
앉은 아미타불 좌상.
높이 3m 가량의 목불로서
겉에 금을 입혔다.
일본, 교토 근처 우지,
뵤도인 사원, 1053년.

◀
작은 약사여래상.
병을 고쳐주는 붓다로
오른손은 시무외인
자세고 왼손에는
약병을 들고 있다.
일본, 12세기 중엽.

▶
템스 강가의 일본평화
위령탑에 있는 도금 불상.
이 탑은 히로시마 원폭
희생자를 추모하기 위해
승려들이 세웠다.
영국, 런던, 배터시 파크,
1985년.

일본 선종에는 교세가 미약한 세 번째 종파인 오바쿠가 있는데 17세기에 중국에서 전래하였다. 오바쿠의 본산은 교토 근처의 우지에 있다.

오늘날 일본은 유례를 찾기 힘들만큼 종파가 많은 종파불교의 나라다. 일본 전체에서 등록된 종파는 180,000개가 넘으며, 신자 수가 수백 명에 불과한 작은 종파부터 수백만 명에 이르는 종파까지 다양하다. 이들 중 많은 종파가 불교이거나 불교적 색채를 띤다. 주요 불교 종파들은 예배의식뿐 아니라 종교미술까지 독특한 양식을 발전시켜왔으며, 장소와 시대에 따라서도 매우 다르다. 하지만 명상수행법은 예외 없이 중시하였고 이는 불상에 잘 나타나 있다.

일본

"몸을 바르게 닦은 자는
남을 잘 가르칠 수 있다.
그러나 정작 다루기 힘든 것은 자신이다."

『법구경』에서

◀
아이들과 환자,
여행자를 보호하는
지조(지장보살)의 조상.
종종 빨간 턱받이를
하고 있다. 일본.

▲
사람 열 명의 해골이
그려진 좌불상. 해골들은
각각 다른 자세를 취하고
있는데 세속의 가치에
집착하는 사람의 운명을
나타낸다. 일본, 18세기

세계 불교 성지

# 오늘날

오늘날 불교는 그 본산이라 할 수 있는 동양에서 번성하나, 서양에서도 점차 대중화되고 있다. 다른 종교에 대한 불교의 포용력은 포교에 많은 도움이 된다.

근래의 종교계 사건 가운데 1963년 6월, 사이공 거리에서 고요히 선정한 채 분신한 틱광둑 스님만큼 엄청난 인상을 남긴 사건은 없었다. 이 장면은 TV를 통해 전 세계에 방영되어 베트남인의 고통을 대외에 알렸을 뿐 아니라 불교적 사고방식을 보여주는 계기가 되었다.

현존하는 가장 오래된 종교 중 하나인 불교가 150여 년 전까지도 서구 사회에 알려지지 않은 것은 인정하기가 어렵다. 20세기의 열성적인 불교 전도자로 티베트 승려인 딜고 크엔체 린포체를 들 수 있는데, 1991년 입적할 때까지 유럽에서 포교 활동을 이끌었다.

▶
현대에 완성된 좌불상.
사람들의 시선을 사로잡는
장대한 모습.
타이, 사무이 섬, 20세기.

다른 티베트 승려인 켄포 카르타르 린포체도 1959년 중국의 핍박을 피해 인도로 건너갔다가 1978년 미국으로 가서 불교를 가르쳤다. 티베트의 불교지도자인 14대 달라이 라마가 그랬던 것처럼 이 두 사람은 서구 사회에 불교를 알리는 데 주도적인 역할을 했다.

달라이 라마가 1989년 노벨 평화상을 수상한 뒤 연설한 다음의 말은 오늘날 불교가 세계에서 가장 빠르게 확산되는 종교가 된 이유를 잘 설명해 준다. "만일 여러분이 내면의 평화를 얻었다면, 외부의 문제가 여러분 내면 깊숙한 곳의 평화롭고 고요한 감정에 영향을 주지 못할 것입니다. 마음이 이런 상태에 있으면 여러분은 모든 상황을 침착하고 이성적으로 다루게 될 것입니다."

▼
예술가의 영감을 보여주는
특이하고 독특한
붓다의 모래 조각상.
스페인, 베니도름 리조트,
20세기.

▶
건립 중인 거대한 불상의
조감도. 완공되면
세계에서 가장 큰 불상이
될 것이다.
인도, 21세기.

오늘날

◀◀
앤터니 키가 만든
가장 색다른 불교예술품.
식판(食板)으로만 만든
불상으로 선정인
자세를 하였다.
영국, 바스, 월코트 예배당,
2002년.

◀
현대에 만든 불상으로
선정에 든 모습.
미국 하와이의 불교 사찰,
20세기.

▲
도자기로 만든 불상으로
후광은 현대적 조명이다.
미얀마, 양곤, 20세기.

"좋아하는 것도, 싫어하는 것도 만들지 말라.
좋아하는 것을 갖지 못하는 것도 괴로움이요,
싫어하는 것을 보는 것도 괴로움이니라."

『법구경』에서

# 3
# 불상의 이모저모

불상의 자세, 즉 앉거나 서거나 걷거나 누운 자세는 모두 고타마 붓다의 일생 중에 있던 사건을 나타낸다. 불교미술에서는 붓다의 자세와 몸의 특징, 들고 있는 소지품까지도 붓다에 대한 중요한 정보를 상징하는 예술적 수단이 된다.

상좌불교에 의하면 붓다와 같은 위대한 성인은 행동이나 외형적 모습에서 나타나는 어떤 특징으로 알아볼 수 있다. 붓다에게서 나타나는 이러한 신체적 특징은 크게 서른두 가지로서 32상(相)이라 한다.

첫 번째 특징은 '발바닥이 평평'하고, '발바닥에 살이 천 개인 바퀴'가 있다. 이러한 불족적(佛足跡)은 불교미술가들이 널리 사용한 상징물이다. 그리고 붓다의 발가락은 대체로 길이를 똑같게 그린다. 신비한 바퀴인 법륜(法輪)도 붓다의 가르침에서 중요한 것이므로 불교미술에서 많이 나타난다. 이 바퀴는 손바닥에 새기기도 한다.

▶
인도 아소카 왕이 건립한 거대한 탑의 부도에 새긴 고타마 붓다의 족적. 족적에는 법륜을 상징하는 살이 천 개인 바퀴를 새겼으며, 발가락은 대체로 길이가 같다.
인도, 산치,
기원전 3세기.

"가을이 되어 버려진 표주박처럼
흩어져 있는 흰 뼈를 보고
무슨 기쁨이 있겠는가?"

『법구경』에서

붓다의 신체 특징이
많이 나타난 불상으로,
법륜을 손바닥에 새겼다.
편암에 조각했으며
그리스의 영향을 볼 수 있다.
아프가니스탄, 파타바,
3~4세기.

32상 중에서 마지막 특징은 '머리 위가 혹처럼 솟아오른 모습' 즉 육계이며, 불교미술에서는 이 특징이 두드러지도록 붓다의 머리형을 형상화한다. 32상이 모두 다 나타나는 회화나 조각은 없지만, 이 특징들은 불교도에게 회화나 조각에 나타난 인물이 붓다인지를 판단하는 기준이 되어 왔다.

불상의 이모저모

# 머리

대개 모든 불상에는 머리 정수리 부분에 둥근 상투 모양이 공통으로 나타나는데 이는 32상 중 마지막 특징인 육계를 묘사한 것이다. 싯다르타가 출가하기 전 당대의 남자들은 이러한 머리형을 하는 경우가 많았는데 이는 터번을 쓸 경우 특히 필요했을 것이다. 고대 힌두교의 베다 문화에서도 이와 유사한 모양인 결발(結髮, 우슈니샤)이 있었다고 한다. 산스크리트어인 우슈니샤는 앞머리를 여러 개의 작은 돌기로 만 형태를 의미하지만, 불교미술에서는 붓다 정수리의 육계 모양을 의미한다.

　육계는 특이한 머리형에서 유래했지만 붓다의 뛰어난 지혜를 상징하게 되었다. 또한 열반을 얻었거나 얻을 준비가 된 사람을 상징하게 되었고, 이 때문에 불교미술가들이 붓다나 보살을 묘사할 때 즐겨 사용한다.

▶
작은 돌기 모양의 머리 형태가 잘 나타난 금불상. 홍콩, 란타우섬, 포린 사원, 20세기.

불상의 머리는 대체로 작은 돌기 모양으로 덮여 있으며 머리카락은 항상 시계방향으로 꼬였다. 왜 그럴까? 정확히는 알 수 없지만, 가장 그럴듯한 설명은 삭발하고 나서 머리카락이 자연스럽게 그런 모양으로 자란다는 것이다. 전설에 따르면 싯다르타는 왕궁 생활을 버릴 때 머리카락을 단번에 잘랐는데, 남은 짧은 머리가 자연스럽게 꼬였다고 한다. 머리카락이 오른쪽으로 꼬인 것은 모든 인도 종교에서 오른쪽을 길한 방향으로 여겼음을 의미한다.

불상의 머리 모양에는 문화권에 따라 둥그스름한 상투 모양, 달팽이집처럼 약간 비대칭인 상투 모양, 길고 뾰족한 모양과 불꽃 모양 등 여러 가지가 있다. 여기에는 저마다 나름대로의 분명한 이유가 있다. 남인도, 스리랑카, 인도네시아에서는 그 근원이 힌두 신화에 나오는 불의 신인 아그니로 거슬러 올라간다. 힌두 경전에서는 불이 무지(無知)와 같은 모든 것을 소멸시킨다고 설명한다. 그래서 불은 지혜의 상징이 되었고, 붓다의 정수리에 솟은 육계도 불꽃 모양으로 나타난다.

티베트, 타이 등 다른 불교 문화권에서는 뾰족한 모양이 나타나는데 이는 단순한 둥근 모양의 우슈니샤 위에 고정한 장식인 것 같다. 힌두 신화에서 '모든 소망을 들어주는 보석'으로 여기는 '여의주'라는 장신구는 불꽃에 둘러싸인 진주 모양을 하고 있다. 육계 위에 불꽃 장신구가 분명하게 얹힌 불상도 있다.

◀
머리가 돌기 모양이 아닌 경우 일반적으로 나타나는 상투 모양 머리.
열반에 들었음을 상징한다.
중국, 다퉁, 윈강 석굴,
15세기 후반.

"악행을 일삼는 자는
나무를 휘어 감는 덩굴처럼
자기를 휘어감아 적이 원하는 구렁텅이로
스스로를 몰아가리."

『법구경』에서

◀
붓다의 머리를
달팽이집처럼 약간
비대칭인 코일 모양으로
만든 목불상.
달팽이집 모양 머리는
작은 관에 붙어 있는데,
채색한 흔적이 보인다.
중국 송말(宋末) / 원초(元初),
13세기.

흔하지는 않지만 대승불교 미술에서는 붓다의 손이나 머리 상투 모양에 보석 장식 대신에 작은 불상을 안치하는 경우도 있다. 이 작은 불상은 정신적 '정수'인 선정불을 의미하며, 석가모니불은 이 선정불의 화신으로 여겨진다.

머리

◀
정성스럽게 금을 입히고
장식한 불상으로서
둥근 상투가 뾰족하게
솟아있으며, 불꽃을
연상하게 한다. 미얀마.

▲
불꽃 모양 상투가
둥그스름한 모양을
띤 불상. 이런 머리
모양도 가끔 나타난다.
스리랑카.

불상의 이모저모

230

머리

붓다가 되기 직전의 보살은 왕관을 쓴 모습으로 나타나기도 한다. 그러나 왕관은 전통적으로 고타마 붓다와 같은 진불(眞佛)과는 연관이 없다. 유일한 예외로는 왕관을 쓰고 왕실 장식을 단 '왕관불'이 있는데, 그것이 나타내는 상징은 분명하지 않다.

◀

자주 왕관을 쓴 모습으로
나타나는 보살상.
불상은 그런 장식을 한
경우가 드물다.
이런 장식은 특히
티베트 불교에서
흔하다. 몽고.

# 백호

붓다의 32상 중에서 미술가들이 선호하는 또 하나의 특징은 이마 중간에 난 길고 흰 털 백호(白毫)다. 대부분 백호는 둥근 자국이나 혹 형태이며, 이는 힌두교에서 사용하던 고귀함을 나타내는 틸라카라는 표식에서 유래하였다. 이 표식은 채색 가루로 만들었는데 중요한 여행을 떠나기 전이나 약혼식 같은 특별한 행사 때에 사용하였고 카스트 계급마다 구별하기 위해서도 사용했다.

불교미술에서 가끔 나타나는 가장 특별한 백호는 보석을 사용한 경우다. 초기 미술품에서는 눈썹 사이에 털을 나선형 모양으로 그리기도 하였다. 스리바트사라는 이 모양은 가슴에 그린 경우도 있는데, 이는 자연세계의 근원을 상징한다.

◀
이마 중간에 있는 백호는 일반적으로 둥근 자국이나 혹 모양이다. 오래된 불상은 혹이 떨어져 나가 움푹 패인 경우가 많지만 이 불상은 그대로 남아 있다. 그리스불교 양식. 아프가니스탄, 1~4세기.

▲
힌두 신 브라흐마 신화에서 유래한 네 얼굴을 가진 붓다. 브라흐마는 주위를 돌고 있는 딸 사타루파를 보기 위해 여러 얼굴을 갖고 있다. 각 얼굴마다 보석으로 된 백호와 왕관으로 장식하였다. 홍콩, 포푹힐.

"착한 일을 하거든 즐겨 거듭 행하여라.
착한 일이 쌓이면 즐거움이 되나니."

『법구경』에서

◀
초기 불상에서는
백호를 눈썹 사이에
나선형 머리카락
모양으로 그렸다.
이 전통은 현대
조각에서도 계속된다.
미얀마, 슈웨다웅.

◀◀
백호는 하트를 비롯하여
모양이 여러 가지다.
이 금불상에서는 소라껍질
모양으로 만들었다. 인도.

불상의 이모저모

# 눈

눈은 불상의 특징 중 문화권에 따른 차이가 가장 작다. 대체로 눈은 반쯤 감은 채로 약간 아래를 내려다보고 있다. 힌두교와 같은 다른 종교의 경우 숭배의 대상인 남녀 신들은 대체로 눈을 부릅뜨고 있지만 붓다와 보살은 일반적으로 그런 경우가 없다. 이는 불교의 겸손하고 명상적인 특성을 보여주는 단적인 예다.

▶
붓다의 눈은 대체로
명상을 강조하기 위해
깊이 감거나,
반쯤 감은 채 내려다보는
겸양의 자세를 취한다.
타이, 17세기.

◀

무거운 장신구 때문에
늘어진 귓불은
부유하고 쾌락적인
생활에 젖은 시절의
싯다르타를 나타낸다.
타이, 17세기.

# 귀

귓불은 거의 모든 불상에서 길게 늘어진 모양이다. 그 이유는 싯다르타가 왕자라는 쾌락의 삶과 가족을 버리고 수행자가 되기 전으로 거슬러 올라간다. 인도에서 신분이 높은 사람은 지위를 나타내기 위해 귀에 무거운 장신구를 달았다. 장신구는 긴 고리 모양이고 보석이 박혀 무거웠다. 그 중에는 사자 머리 모양의 장신구도 있어서 달고 있는 사람의 힘과 용맹을 나타내기도 하였다. 이처럼 무거운 보석 장신구 때문에 싯다르타의 귀에 뚫린 구멍이 실제로 늘어난 것을 많은 불상이 사실대로 보여준다.

**242쪽**
귀를 보석으로 장식한
네팔풍의 비로자나불상.
황동으로 만들었으며
터키석과 보석으로
장식하였다.
티베트, 15세기 초.

**243쪽**
싯다르타의 귀에
뚫린 구멍이
무거운 장신구 때문에
늘어난 것을 나타내기 위해
불상의 귓불에
긴 구멍을 조각한
경우가 많다.

# 목

불상의 목에서는 한 세트의 목걸이 같은 것을 자주 볼 수 있는데, 조각가가 표현하려 한 것은 붓다의 목 주름인 것 같다. 붓다는 사실 엄격한 금욕 생활을 했는데, 불상은 이와 대조되게 거의 대부분 살찐 모습이다. 불상의 목에서 흔히 볼 수 있는 삼도(三道)라는 주름 세 겹은 행운을 뜻하며, 많은 동양 문화권에서는 이를 아름다움의 징표로 생각한다. 이 목 주름은 입 주위가 세 겹인 소라껍질의 모양에서 유래했다고 한다. 불교에서 소라는 법(法)의 힘과 축복을 나타내는 상징으로 여기는데 이는 소라껍질이 상서로운 방향인 시계방향으로 나선형 모양이기 때문이다.

▶
고타마가 금욕생활을 했는데도 불상은 살찐 사람처럼 목에 주름이 졌는데, 이는 행운의 표시다. 아미타불의 목조상. 일본, 헤이안 후지와라 시대, 11세기.

# 손

불상의 손, 손가락, 팔의 자세를 총체적으로 수인(手印)이라고 한다. 불교미술에서 수인은 가장 흔히 볼 수 있으며 가장 중요한 상징이다. 수인마다 붓다가 취한 의미 있는 자세를 나타내는데, 종교 의식에서도 따라한다. 손 자세는 초기부터 상당히 정형화되었으며 인도의 여러 종교에서도 비슷한 의미로 사용되었다. 수인은 신화와 전설에서 유래를 찾을 수 있으며, 상당부분이 동양 전통 춤의 동작으로 녹아들어 있다.

최초의 수인은 4,000여 년 전 인더스 문명에서 그 흔적을 찾아볼 수 있다. 이 시대에 신들을 나타낸 미술품에 합장인(合掌印) 자세가 나타나는데, 이는 인도의 전통적인 인사법이다.

▲
이 불제자의 상에서 손은 전통적인 인사법인 합장인 자세다. 손바닥을 마주 대고 조금 오므린 자세.

▶
오른손을 들고 손바닥을 밖으로 향하여 손가락을 위로 편 시무외인. 두려움이 없는 안전과 확신을 의미한다. 일본, 13세기.

손

불상의 이모저모

◀
오른손 엄지와 집게손가락을
동그랗게 만든 설법인
자세. 완전한 지혜와
중생을 가르치려는
서약을 나타내며,
가장 흔히 볼 수 있다.

◀◀
시무외인의 변형으로서
설법인으로 알려진
'설법의 자세'. 오른손의
손가락 하나와 엄지로
원을 만든다. 이 목불상은
특이하게 약손가락을
사용하였다. 일본 후지와라
시대, 12세기.

"계를 지키지 않고 백년을 사는 것보다
계를 지키고 선정에 들어 하루를 사는 것이 낫나니."

『법구경』에서

수인은 주로 불교 조각과 연관되었으며, 나중에는 힌두 미술로 퍼져 나간 것 같다.

오른손을 든 채 손바닥을 밖으로 향하고 손가락을 위로 편 자세가 시무외인이며, 두려움이 없는 안전과 확신을 의미한다. 그러나 불교에서는 붓다가 중생에게 주는 평정과 보호의 표시로 받아들인다. 조각가들은 시무외인을 다른 선정불 조상에서도 종종 표현하지만, 일반적으로 고타마 붓다에게만 국한되며 가장 흔히 볼 수 있다.

처음에는 이 수인이 설법의 표시였는데 그 의미가 바뀐 것은 석가모니의 생전에 있었던 제바달다 사건과 관련이 있다. 타락한 제자인 제바달다는 붓다를 살해하기 위해 말라기리라는 코끼리에게 독주를 먹여 보시 중인 붓다를 공격하게 하였다. 그러나 말라기리는 시무외인 자세인 붓다의 오른손을 보고 머리를 땅에 박고 주저앉은 채로 죽고 말았다. 이 이야기로부터 중생을 보호한다는 시무외인의 의미가 발전되었다. 시무외인 자세는 인도 밖의 다른 종교로 확산되었으며, 서기 200년 이후 고대 로마 조각에서도 널리 사용되었다.

◀
오른손은 설법인 자세고
왼손은 가슴 앞에 올려
오른손을 감싸듯이 모은
전법륜인이다.
법륜을 돌리는 동작이나
법륜 그 자체를 표현. 인도.

시무외인이 약간 변형되어, 전혀 다른 '설법 자세'의 의미를 갖는 수인이 바로 설법인이다. 설법인은 삼각 자세라고도 하는데, 오른손은 시부외인 모습으로 들어 올리되 엄지와 집게손가락을 오므려 원을 만든 자세다. 붓다의 완전한 지혜와 중생을 가르치겠다는 서약을 의미한다.

◀
불상에는 오른손이
시무외인 자세고
왼손은 늘어뜨려 손바닥을
밖으로 향한 자세가 많다.
이때의 왼손을 여원인이라
하며 중생의 소원을
들어준다는 의미다.
금을 입힌 목불상. 일본,
에도 시대 중엽, 18세기.

▶
붓다의 손가락은
발가락처럼 거의 같은 길이로
형상화된 경우가 많다.
손톱을 화려하게 장식하였다.
등을 맞대고 앉은
거대한 네 불상 중 하나.
담마제디 왕이 건립.
미얀마, 페구, 1476년.

설법인과 비슷한 또 다른 수인이 전법륜인이다. 오른손은 설법인 모습이고 왼손은 가슴 앞에 들어올려 오른손을 감싸듯이 모은 자세다. 초기 불교미술에서는 이 수인이 태양을 상징하였으나 점차 법륜 그 자체 또는 '법륜을 돌리는 동작'을 의미하게 되었다.

선 자세에서 왼손을 들어올린 불상은 거의 없다. 일반적으로 불교도는 오른손잡이를 긍정적이고 고귀한 성품을 지닌 사람으로 여기기 때문이다. 그러나 왼손으로 시무외인 자세를 취한 경우도 있는데 이는 붓다가 어머니를 불교로 개종시키기 위해 하늘로 올라갔다는 이야기와 관련이 있다고 한다. 당시 지방관이던 파센티코솔은 붓다가 사라진 것을 알고 너무 걱정되어 백단향나무로 붓다의 상을 조각하게 하였다. 하늘에서 세 개의 사다리가 내려오는 기적이 일어나며 붓다가 삼카샤 지방으로 내려오자, 파센티코솔은 붓다에게 백단향나무로 조각한 불상을 보여드렸다. 그랬더니 불상이 자리에서 일어나 붓다에게 경배를 드렸는데, 석가모니는 불상의 거짓 아첨을 거부하며 왼손을 들어 제자리로 돌아가도록 명령하였다고 한다.

◀◀
연화좌 자세로 앉은 좌불상에서 조각가들이 가장 선호하는 항마촉지인. 오른손 손가락을 땅에 댄 자세로, 붓다가 세속적 가치를 버리는 서약을 할 때 땅에게 증인이 되어줄 것을 요청한 순간을 표현하였다. 타이, 13세기

▶
전형적인 항마촉지인 자세. 오른손은 손바닥을 안으로 향하여 오른 무릎 아래로 늘어뜨려 손가락을 땅에 대고, 왼손은 손바닥을 위로 향하여 무릎 안쪽에 가만히 놓은 자세. 티베트, 13세기.

오른손이 시무외인 자세일 때 왼손은 여원인 자세인 경우가 많다. 여원인은 왼손을 아래로 늘어뜨려 손바닥을 밖으로 향하고 손가락은 펴거나 반쯤 구부린 자세다. 이는 중생에게 은혜를 베풀고 소원을 들어준다는 뜻이다. 전설에 의하면 이 수인은 붓다가 친척들 사이에 싸움을 말리면서 취한 자세라고 한다. 즉 벼농사를 위한 수리권을 두고 부모 양가의 친척이 다투자, 붓다가 수리권보다 생명이 더 중요함을 깨우쳐 싸움을 말렸다고 한다.

손을 아래로 늘어뜨린 여원인과 혼동하기 쉬운 수인이 유명한 항마촉지인이다. 이는 연화좌 자세로 앉은 좌불상에서 셀 수 없이 많이 볼 수 있는 수인으로서, 오른손은 손바닥을 안으로 향하여 오른 무릎 아래로 늘어뜨려서 손가락을 땅에 댄다. 그리고 왼손은 손바닥을 위로 향하여 무릎 안쪽에 가만히 놓은 자세다.

이 수인의 의미는 완전히 다른 두 가지로 설명한다. 하나는 붓다가 부다가야의 보리수 아래에 앉아 세속의 가치를 버리고 지혜를 얻어 끝없는 윤회의 고리를 끊겠다는 서약을 하면서 땅에게 증인이 되어주기를 요청한 순간을 의미한다는 설명이다. 그래서 종종 '땅을 증인으로 부르는' 수인이라고도 한다.

◀
양손 손바닥을 위로 향하고 오른손을 왼손 위에 겹쳐 올린 자세로 선정인이다. 완전한 선정에 든 상태를 상징한다.

다른 설명은 보리수 밑에서 일어난 사건과 관련이 있다. 악마 마라는 붓다가 깨달음의 길을 포기하도록 유혹하였지만 실패하자, 붓다에게 깨달음을 얻었다면 기적을 일으켜 증명해보라고 하였다. 이에 붓다가 손가락을 땅에 대자 곧바로 커다란 지진이 일어났고, 마라는 두려움에 떨며 마군과 함께 달아나 다시는 돌아오지 않았다고 한다. 그래서 항마촉지인은 마귀를 굴복시킨다는 의미를 가지며, 석가모니 외의 불상에서도 가끔씩 볼 수 있다.

좌불상에서는 양손의 손바닥을 위로 향하여 오른손을 왼손 위에 겹쳐 무릎 안쪽에 놓은 모습을 자주 볼 수 있는데, 이 자세가 선정인이다. 만다라나 신성한 진언(眞言)에 정신을 집중하여 모든 의식적인 생각을 비운 완전한 선정 상태를 상징하므로 그러한 이름이 붙었다. 이 수인은 붓다가 보리수 아래에서 완전한 깨달음을 얻을 때 취한 바로 그 자세라고 한다.

◀◀
손가락을 구부려 엄지와 삼각형을 이룬 자세로 선정인의 변형이다. 청동 아미타불상. 일본, 가마쿠라, 1252년.

▶
좌불상에는 바리때와 같은 물건을 든 경우도 있다. 하지만 이 청동불상은 상징적으로 양손이 텅 비도록 만들었다. 티베트, 11세기.

손가락을 오므려서 엄지와 삼각형을 만드는 변형된 형상도 있다. 이 자세 역시 선정인이지만 이 경우에는 불교의 삼보(三寶)인 불, 법, 승을 상징한다. 한 손은 무릎 위에 놓고 한 손은 항마촉지인 같은 다른 수인을 취하는 또다른 변형도 있다.

붓다가 죽은 뒤 바로 최고의 경지인 무상정등각 상태, 즉 반열반(槃涅槃)에 드는 것을 상징하기 위해 특별한 손 모양을 사용하기도 한다. 이 손 모양이 구경각인(究竟覺印)인데, 양손을 모아 가슴 앞에 두고 엄지와 집게손가락을 위로 펴서 끝을 서로 갖다 댄 모습이다. 나머지 손가락은 안으로 가지런히 감아쥔다.

◀
최고의 경지를 성취한 붓다를 상징하는 특이한 손 모양. 이 수인은 구경각인으로, 양손을 가슴 앞에 모아 엄지와 집게 손가락을 위로 펴서 끝을 서로 갖다 대고 나머지 손가락은 안으로 감아쥔 모습이다. 부다가야.

▶▶
여러 가지 물건을 든 불상. 현대에 만든 불상으로 그 나름의 양식을 갖는다. 미국, 하와이, 힐튼 와이콜로아 빌리지.

불상의 이모저모

# 만자

제2차 세계대전과 아돌프 히틀러 하면 만자(卍字)와 비슷한 나치의 상징을 떠올리게 된다. 하지만 만자는 지금으로부터 4,000여 년 전 인더스 문명에서 유래한 것으로서 행운이나 경사스러운 길상(吉相)을 뜻한다. 오른쪽, 즉 시계방향으로 도는 모양의 만자는 남성과 관련이 있고 왼쪽으로 도는 만자는 여성과 관련이 있다. 만자는 법륜과 마찬가지로 붓다의 족적에 새기는 경우가 많다. 만자가 붓다의 몸 다른 부분에 장식된 경우는 거의 없으나 가슴 부분에 새겨진 경우는 가끔 있다.

◂
불상에서 길상을 뜻하는 만자가 보인다.
이 경우에는 그렇지 않지만 일반적으로 오른쪽으로 도는 만자는 남성, 왼쪽으로 도는 만자는 여성과 관련이 있다.
타이완.

## 불상의 이모저모

# 가사

불교 승려는 세 가지 옷을 입는데 이를 삼의(三衣) 또는 가사(袈裟)라고 한다. 삼의는 발까지 내려오는 하의(下衣)인 안타회(安陀會), 무릎까지 내려오는 상의(上衣)인 울다라승(鬱多羅僧), 밖에 걸쳐 입는 승가리(僧伽梨) 또는 대의(大衣)를 말한다. 그러나 일반적으로 불상은 울다라승을 제외한 두 가지만 입으며 그 형태는 다양하다. 초기의 입상에서는 안타회만 입었으나, 점차 대의가 추가되었고 이때 왼손으로 대의를 잡고 있는 경우가 많다. 울다라승은 접어서 왼쪽 어깨에 걸친 경우가 가끔 있다.

 대의는 양쪽 어깨를 모두 가린 통견(通肩)과 오른쪽 어깨만 가린 편단우견(偏袒右肩)의 두 가지가 있다. 미술가들이 둘 중 하나를 택하는 이유와 그 상징적 의미는 분명하지 않지만, 한쪽 어깨만 덮을 경우 불상의 또 하나 특징인 황금색을 더 많이 보일 수 있기 때문이 아닐까 한다.

◀
회색 편암에 조각한 불상으로 왼손으로 대의를 잡고 있다. 인도, 간다라 양식, 3~4세기.

가사

◀
대의가 한쪽 어깨만
가린 것이 분명하게
나타나 있다.
스리랑카, 아누라다푸라,
750~850년.

▶
대의가 정교하게 주름져서
양쪽 어깨를
모두 가리고 있다.
고대 북서 인도의 왕조에서
조각된 것으로
그리스의 영향이
강하게 나타나 있다.

"생사의 여로가 끝나고
근심걱정 일체를 떠나
모든 속박에서 벗어난 이에게는
이미 괴로움도 번뇌도 없다."

『법구경』에서

불상의 이모저모

▲ 이 불상처럼 붓다가 입은 옷이 섬세하고 투명한 경우도 있다. 인도 우타르푸라데시 주, 사르나트, 굽타 왕조 시대, 5세기.

▶ 이 금불상의 대의는 여러 겹으로 주름지고 울다라승을 왼쪽 어깨에 걸쳤다. 미얀마, 양곤, 슈웨다곤 사원.

가사

거의 모든 힌두 신은 황금색을 띠며, 불교 역시 이 오랜 관습을 따랐다. 후원자의 재력에 따라 불상은 황금으로 만들거나 금을 입혔다. 따라서 옷으로 한쪽 어깨만 가린 것은 불상의 황금 피부를 가능한 한 많이 노출하기 위한 수단이었을 것이다. 하지만 불상의 옷만 황금으로 입히고 피부는 채색하지 않은 경우도 있다.

옷의 형태는 미술가의 취향에 따라 다르다. 옷이 투명해서 보이지 않는 경우도 있고 실제 옷처럼 주름지고 채색한 경우도 있다. 직물의 모양이 섬세하게 나타난 경우도 있고 자수를 놓은 경우도 있다.

승려가 입는 승복은 황토색 옷감으로 만든 경우가 많다. 황토색은 인도의 수행자들이 입던 누더기와 같은 색인데, 아마 수행자들이 앉아 쉴 때 황토 물이 들어서일 것이다. 어떤 사찰에서는 특별한 의식이 있을 때 불상에 황토색 옷을 입히는 관습도 있다.

◀
오른손 손바닥에 법륜이 새겨진 금불상.
두 번째 가사인 울다라승을 왼쪽 어깨에 걸쳤다.
타이, 크라비 주,
와트 탐수아 사원.

▶▶
불교 신자들의 오렌지색 가사가 대조되어 석불의 암갈색이 밝게 보인다.
타이 북부, 와트 시쯤 사원.

# 장신구

붓다가 되기 전의 보살은 왕자 시절의 좋은 옷과 장신구를 할 수 있지만, 대체로 고타마 붓다는 간단한 옷을 입고 장신구도 거의 없다. 기껏해야 옷 어깨 부분에 브로치나 버클이 달려 있을 뿐이고 그것도 밋밋한 원반 형태다. 안타회(安陀會) 속에 팔찌를 한 경우는 가끔 볼 수 있다.

◀
이 티베트의 미륵불상은
귀걸이와 왕관을 비롯하여
보석 장식이 아주 많다.
티베트, 15세기.

불상의 이모저모

# 앉은 자세

불상 중에는 앉은 자세가 가장 많다. 이는 명상의 자세이기 때문이다. 또 앉은 자세 중에서는 연화좌, 즉 결가부좌가 가장 많다. 고타마 붓다뿐만 아니라 다른 붓다와 많은 힌두 신, 자이나교 수행자들도 이 오랜 전통의 명상 자세를 취하고 있다.

    불교미술가들은 붓다와 보살들을 윤왕좌(輪王坐) 자세로 조각하거나 그리기도 하는데, 이 자세는 조금씩 변형된 여러 형태가 있다. 그 중 하나는 오른쪽 무릎을 가슴까지 끌어올려 세우고 왼쪽 다리는 대좌 아래로 늘어뜨린 자세다.

▶
불상에서 가장 많이 나타나는
결가부좌 또는 연화좌 자세.
인도, 비하르 주, 부다가야.

불상의 이모저모

▼
윤왕좌의 변형된 자세를
보여주는 좌불상.
왼발은 땅에 대고 오른쪽
다리는 들어올린 자세.
중국 산시성에 있는
우타이 산, 난찬시.

또 다른 형태로는 오른쪽 다리를 결가부
좌 자세로 두고 왼쪽 다리를 늘어뜨린 자
세를 들 수 있으며, 양쪽 다리의 모습이
서로 반대인 경우도 있다. 반가부좌 또는
영웅좌도 윤왕좌의 변형인데, 이 자세는
오른쪽 다리를 내리고 왼쪽 다리를 오른
쪽 허벅지에 올려놓은 자세다. 사실 이러
한 자세는 특별히 붓다와 관련이 있다기
보다는 대부분 미술적 취향에 지나지 않
으며, 나중에 특별한 의미를 부여하는 불
교전설이 만들어졌다. 이들 자세의 일부
는 요가의 명상 좌법으로 채택되었다.

▶
윤왕좌의 변형으로
가장 많이 나타나는
반가부좌 자세의
관세음보살상.
중국 허난성, 북위 시대,
386~534년.

앉은 자세

# 대좌

좌불상의 경우 대좌(臺座)는 세 가지 형태가 있다. 가장 많이 나타나는 것이 꽃잎 여덟 개가 달린 연꽃 모양의 연화대좌이며, 여덟 개 꽃잎은 팔정도를 의미한다.

두 번째는 금강보좌로서 좀더 화려하며 뱀이 떠받치고 있다. 인도와 특히 스리랑카의 불교미술에서는 붓다가 머리 일곱이 달린 뱀신인 무찰린다의 똬리 위나 안에 앉아 있는 경우가 많다. 무찰린다는 똬리로 붓다를 감싸고 머리로는 붓다 위를 덮어서 보호한다.

◀

좌불상에서 가장 많이 나타나는 연화대좌. 연꽃이 창생(蒼生)과 청정을 상징한다는 오랜 믿음에서 비롯하였다. 금강살타의 좌상. 티베트, 17세기.

불상의 이모저모

▲
뱀신인 무찰린다의 똬리
위에 앉은 고타마 붓다.
이는 힌두 신화에서
유래하였다. 캄보디아,
바이욘 시대, 13세기.

▶
머리 여러 개가 달린 뱀
나가의 보호를 받는
고타마 붓다 좌상.
신광이 뱀의 목으로
만들어졌다.

뱀 종족인 '나가'족은 날씨, 특히 비를 제어하는 능력이 있다고 한다. 전설에 따르면 무찰린다는 맹렬한 폭풍우로부터 붓다를 보호했다. 뱀 상징은 비슈누가 무한을 상징하는 거대한 뱀 아난타 위에 누워 명상했다는 힌두 신화에서 유래한 듯하다.

어떤 미술작품에서는 대좌가 텅 빈 채 붓다가 있음을 상징적으로 나타낸 경우도 있다. 텅 빈 대좌는 특히 보리수 아래에 놓이며 붓다가 깨달음을 얻는 바로 그 순간을 나타낸다.

◀
대좌는 화려한 정도가
아주 많이 다르다.
이 불상에서는 대좌에 있는
연꽃이 두광에서 다시
꽃잎 여덟 개가 달린
연꽃으로 나타난다.

"아름다운 꽃에 향기가 있듯이
훌륭한 진리의 말은
행하는 사람에게 결실이 있다."

『법구경』에서

불상의 이모저모

# 두광

많은 불상에서 붓다의 머리 주위에 있는 불꽃 원반을 볼 수 있다. 이것은 어둠과 무지를 물리치는 정신적인 영기(靈氣)로서 마음의 지혜와 청정을 상징한다. 이런 점에서 두광(頭光, 님부스)은 붓다의 정수리에 솟은 육계와 비슷한 의미를 지닌다. 미술가들은 신이나 성인을 나타낼 때 후광을 즐겨 사용하며, 그리스도교의 경우에도 주요한 인물의 머리 주변에 후광이 그려진 것을 볼 수 있다.

두광은 두광을 띤 존재가 천상으로 올라갔다는 의미도 지닌다. 초기 불교미술에서는 천상에서 빛의 근원인 태양을 본떠 두광을 단순한 원반으로 표현했으며, 실제로 '태양의 빛'이라는 뜻의 수리야프라바라는 이름을 가진 보살도 있다. 그러나 두광은 점차 정교한 무늬의 화려한 장식으로 변했다.

▶
두광은 성인을 상징하는 빛을 내는 영기 또는 빛나는 구름으로 표현된다.
이 그리스불교 양식 불상에서는 단순한 원반 모양이다.
파키스탄 / 아프가니스탄, 간다라.

불상의 이모저모

두광

◀
불타는 태양 모양의 두광.
경주, 석굴암, 8세기.

▶▶
뇌문과 연꽃으로
장식하고 금을 입힌 두광.
두광 바깥쪽에는 소용돌이
무늬와 작은 불상으로
장식한 신광이 있다.

불상의 이모저모

# 신광과 장식

불상의 두광 뒤에 신광(身光, 만돌라)이 있는 경우가 많은데 대체로 방패 모양이고 불꽃무늬로 장식한다. 신광은 붓다가 카필라 성에서 기적을 행할 때 몸 윗부분에서 신비한 불꽃이 나왔다는 이야기에서 유래하였다. 만돌라는 아몬드라는 뜻의 라틴어인데 그 모양이 아몬드처럼 생겨서 붙은 이름이다. 신광은 불상의 희미한 배경이나 화려한 장식으로 표현되는데, 어느 경우든 육계 쪽으로 향하는 불꽃무늬로 채워져 있다. 때로는 붓다가 하늘에 올라간 일을 강조하기 위해 구름 무늬가 추가되고, 붓다의 머리 주위에 천사와 같은 작은 천상의 존재들이 날고 있는 장식도 나타난다.

산스크리트어로 '차트라'라는 우산도 장식으로 쓰인다. 동양의 일부 지방에서 불상에 씌운 화려하게 채색된 우산을 볼 수 있다. 인도에서는 아주 오래 전부터 차트라가 왕실의 상징으로 사용되었다. 그러나 차트라는 자연력의 위해를 보호하는 기능도 하므로 차트라 자체가 불상의 존재를 상징하기도 한다. 싯다르타가 수행자가 되기 위해 왕궁을 떠난 것을 말 위에 차트라만 올려놓은 형상으로 표현한 경우도 있다.

▶
불상 뒤에 있는
방패 모양 신광.
채색된 불꽃과
작은 불상으로 되어 있다.
중국, 산시성, 다퉁,
윈강 석굴. 5세기.

신광과 장식

◀
불꽃으로 된 칠현금
모양의 신광.
대리석으로 조각한
아미타불상. 일본, 6세기.

▼
보리수 형상과
3개의 작은 불상을
연결하여 조각한 신광.
불상 뒤에 두 겹으로 된
조각은 청동인데
푸르게 녹슬었다.
타이, 롭부리,
12~13세기.

◀
신광과 두광이 결합된 모습.
작은 불상과 악공,
구름에 휩싸인 천상의
존재들로 정교하게
장식하였다.
일본, 나라 현, 고후쿠지
사찰의 약사불상.

## 만다라

만다라를 빼놓고는 붓다와 관련한 상징들을 이야기할 수 없다. 만다라의 문자 그대로 뜻은 '마법의 원'이며 붓다가 제자들을 가르칠 때 사용하였다고 한다. 만다라는 불교세계뿐 아니라 신비한 우주의 질서를 도형화한 그림으로서 일종의 우주지도다.

만다라는 종이나 철판 위에 2차원적으로 그릴 수도 있고, 블록이나 돌을 쌓아 3차원 입체로 표현할 수도 있다. 가장 아름다운 만다라 가운데 하나로는 인도네시아에 있는 거대한 보로부두르 건축물을 들 수 있다. 이 건축물의 8개 단층은 붓다의 일생 중에 일어난 주요 사건들을 묘사한 부조로 장식되었다. 불교도 중에는 매일 우주에 바치는 공물로서 모래 위에 만다라를 그리거나 쌀알로 땅에 만다라를 그리는 사람들도 있다.

만다라를 달리 말하면 진언(眞言)을 시각화한 것이다. 진언은 반복해서 외우는 일종의 주문으로서 '옴(om)'이 가장 많이 알려졌다. 진언과 만다라는 모두 정신 집중을 통해 끊임없이 일어나는 세속적인 생각을 없애고 마음을 고요하고 청정한 상태로 만들어가는 심리적인 수단이다.

▶
만다라는 채색이나
수를 놓는 방법으로
불교세계와 우주의 질서를
도형화한 것이다. 티베트.

만다라

불상의 이모저모

▶
만다라는 단순한 2차원의
도안일 수도 있고
공들여 쌓은 3차원의
건축물일 수도 있다.
거대한 보로부두르
복합사원은
만다라 모양으로
건축하였다.
인도네시아, 자바 섬,
9세기.

▶▶
한 여인이 불상 앞에
꿇어앉아 불상의 족적에
새겨진 법륜에
손을 얹고 있다.
스리랑카.

만다라

# 용어설명

**가미**(神) 일본 신도에서 섬기는 신들.
**간다라 양식** 고대 그리스의 영향이 강하게 나타나는 간다라 지역 미술 양식.
**간다라**(Gandhara) 고대 지명. 현재의 북파키스탄과 북동아프가니스탄에 둘러싸인 지역.
**결가부좌**(結跏趺坐) 양발을 서로 엇갈려 무릎 위에 올리고 앉은 자세.
**고타마**(Gautama) 역사에 실존한 붓다의 원래 이름. 완전한 깨달음을 얻기 전 구도 과정에 있는 붓다를 이를 때 주로 쓴다.
**공**(空) 존재도 비존재도 없는 비어 있음의 개념. 대승불교에서 반야사상의 중심사상이다. 모든 존재는 인연(因緣)에 의하여 생겨난 것이므로 고정된 실체(實體)가 없으며 연기(緣起)에 의하여 존재할 뿐임을 뜻한다.
**관인** 관세음보살의 중국식 이름.
**구경각인**(究竟覺印) 열반에서 얻을 수 있는 최고 깨달음의 경지를 상징하는 손 모양.
**금강보좌**(金剛寶座) 뱀이 똬리를 틀어 떠받치고 있는 대좌.
**금강승**(金剛乘) 아프가니스탄에서 확립된 상좌불교의 한 유파.
**나가**(那伽) 머리가 여러 개 달린, 코브라처럼 생긴 뱀.
**대승불교**(大乘佛教) 1세기에 나타난 진보적인 불교 종파. 북인도에서 네팔, 티베트, 몽고, 중국, 한국, 일본으로 전파.
**도교**(道敎) 황제와 노자를 교조로 삼은 중국의 토속종교로 노자와 장자를 중심으로 하는 도가사상과는 다르다.
**도리천**(忉利天) 힌두교의 33주신이 사는 곳. 세계의 중심인 수미산 정상에 있다고 한다.
**두광**(頭光. 님부스Nimbus) 불상의 머리 뒤에 달린 원반. 영혼의 빛을 상징한다.
**『떼푸미까타**(Tribhumikatha)』 불교 경전 서른 권을 한 권으로 종합한 타이 최고(最古)의 불교 경전.
**로카나트**(Lokanat) 관세음보살의 미얀마식 이름.
**로케스바라**(Lokesvara) 관세음보살의 타이식 이름.
**마가다**(Magadha) 북인도 지역에 있던 고대 왕국.
**마투라**(Mathura) **양식** 마투라 지역에서 유래한 미술 양식. 인도인과 요가 수행자들의 모습이 뚜렷하게 나타난다.
**『마하밤사**(Mahavamsa)』 대사(大史). 스리랑카에서 중요하게 여기는 불교 관련 서적 중 하나.
**마하보디**(Mahabodhi) (깨달음의) 거대한 나무.
**만다라**(mandala) 붓다의 세계와 우주의 질서를 상징적으로 도형화한 것.
**만자**(卍字) 나치의 표식을 뒤집어 놓은 모양으로 행운을 상징한다.
**『묘법연화경**(妙法蓮花經)』 공 개념과 도덕성, 자비심을 중요시하는 경전으로 천태종의 주경전.
**무**(無) 중국 도가의 근본 개념으로서 도(道)의 다른 이름이라고 할 수 있다. 유(有)와 대립하는 상대적 의미의 무 또는 부정으로서의 무가 아니라 인간의 감각을 초월한 실재(實在)며 세계(우주)의 근원인 동시에 인간행위의 규범적 근원.

**미륵보살**(彌勒菩薩) 미래에 태어날 붓다. 중국과 일본에서는 살지고 웃는 모습으로 묘사되며 행운의 상징으로 여긴다.

**밀교**(密敎) 신비주의 요소가 다분한 불교 종파로 주로 티베트에서 찾아볼 수 있다.

**반가부좌**(半跏趺坐) 결가부좌 자세의 한쪽 다리를 다른쪽 무릎 위에 얹은 자세. '영웅좌'라고도 한다.

**반열반**(般涅槃) 무상정등각을 얻은 최고의 열반.

**백호**(白毫) 붓다의 32상 중 하나. 이마 중간에 난 흰 터럭.

**법**(法) 완전한 깨달음에 이르는 길. 불교 교리.

**법륜**(法輪) 불법(佛法)을 상징하는 신비한 바퀴.

**『베다**(Veda)』 힌두교의 고대 경전.

**보리달마**(菩提達摩) 5세기 또는 6세기의 대선사로 중국에 선종 불교를 전하였다.

**보리수**(菩提樹) 고타마 붓다가 깨달음을 얻기 위해 그 아래에 앉아 명상을 한 나무.

**보살**(菩薩) 붓다가 되기 바로 전 단계의 사람.

**보상불**(寶相佛) 선정불 가운데 하나.

**본교**(Bon) 티베트의 신비적, 주술적인 토속신앙.

**본초불**(本初佛) 우주의 시원인 최초의 붓다. 스스로 생긴 자[自生者].

**부다가야**(Buddha Gaya) 인도에 있는 지역. 고타마 붓다가 깨달음을 얻은 장소.

**불공성취불**(不空成就佛) 선정불 가운데 하나.

**불족적**(佛足跡) 붓다의 발바닥 또는 발자국.

**붓다**(Buddha) 고타마 싯다르타. 또한 완전한 깨달음을 얻은 사람.

**브라만**(Brahman) 인도의 최고 계급이자 사제.

**비로자나불**(毘盧遮那佛) 선정불 가운데 하나.

**산스크리트**(Sanskrit) 대승불교에서 사용한 문자.

**삼도**(三道) 붓다의 목에 있는 세 겹의 주름. 행운을 상징한다.

**삼의**(三衣) 불교 승려들이 입는 세 가지 승복에 대한 총칭. 가사라고도 한다.

**삼장**(三藏) 팔리어로 쓰인 상좌불교 경전. 인도에 있던 최초 불교 교단의 경전으로 미얀마에는 729개의 대리석에 조각되어 있다.

**상좌불교**(上座佛敎) 대승불교보다 역사가 더 깊고 보수적인 불교 종파. 주로 남인도, 스리랑카, 인도차이나에 퍼져 있다.

**생신불**(生身佛) 역사에 실존했거나 앞으로 탄생할 붓다.

**석가모니**(釋迦牟尼) 고타마 붓다에게 붙인 이름으로 '석가족의 현자'를 뜻한다.

**선정불**(禪定佛) 세속적인 형상을 갖지 않는 정신적인 붓다로서 본초불의 법신들이다.

**선정인**(禪定印) 명상에 잠긴 상태를 상징하는 손 모양.

**선종**(禪宗) 강도 높은 명상과 내면 성찰을 중시하는 불교 종파. 주로 중국, 한국, 일본 불교에서 수행 방법으로 사용한다.

**설법인**(說法印) 완전한 지혜와 설법을 상징하는 손 모양.

**소승불교**(小乘佛敎) 상좌불교의 다른 이름. 대승불교 입장에서 낮추어 부르는 의미가 담겼지만, 상좌불교라는 이름보다 널리 알려져 있다.

**수인**(手印) 상징적인 의미를 지니는 불상의 손 모양.

**수트라**(sutra) 연속으로 엮은 게송 형태의 경전.

**스리바트사**(Srivatsa) 눈썹 사이나 가슴에 그려진 나선형 모양의 털. 자연세계의 근원.

## 용어설명

**승가**(僧伽) 불교 승려들의 교단.
**승가리**(僧伽梨) 승복(가사) 가운데 겉옷. 한쪽 어깨만 가리는 경우도 있다.
**시무외인**(施無畏印) 두려움이 없는 확신을 상징하는 불상의 손 모양.
**신곤**(眞言) 일본 불교의 주요 종파 중 하나. 밀교의 영향을 받은 종파로 코보대사가 창시하였다.
**신광**(身光, 만돌라 mandorla) 불상 뒤편에 있는 방패 모양 또는 아몬드 모양의 판으로 몸에서 나는 빛을 표현한 것. 대체로 불꽃 모양으로 만든다.
**신도**(神道) 일본의 주술적인 토속신앙.
**싯다르타**(Siddharta) 고타마 붓다의 성(姓). 주로 어린 시절의 이름으로 쓴다.

**아누라다푸라**(Anuradhapura) 스리랑카의 고대 수도. 또한 3~10세기 스리랑카의 불교미술 양식을 가리킨다.
**아미타불**(阿彌陀佛) 선정불 가운데 하나.
**아바로키테슈바라**(Avalokitesvara) 구원자로 널리 알려진 관세음보살. 힌두 신 비슈누에서 유래한 것으로 추정. 티베트에서는 수호불이 되었고 중국, 한국, 일본에서는 자비의 여신으로 여긴다.
**아소카**(Ashoka) 상좌불교를 적극 후원한 인도 마우리아 왕조의 왕(기원전 273~232년).
**아축불**(阿閦佛) 선정불 가운데 하나.
**『아함경』**(阿含經) 원시불교 교리를 모은 경전.
**안타회**(安陀會) 승복 중 하나. 발까지 내려오는 아랫도리옷.
**약사불**(藥師佛) 생신불 가운데 하나로 병을 고쳐주는 붓다.
**여원인**(與願印) 소원을 들어줌을 상징하는 불상의 손 모양.

**여의주**(如意珠) 힌두 신화에 나오는 소원을 들어주는 보석.
**연화대좌**(蓮花臺座) 연꽃 모양의 대좌.
**연화좌**(蓮花坐) 결가부좌를 말한다.
**열반**(涅槃) 윤회가 끝난 완전한 깨달음의 경지.
**와트**(wat) 상좌불교의 사찰을 뜻하는 타이어.
**왕관불**(王冠佛) 왕관을 쓰고 있는 불상.
**용수보살**(龍樹菩薩, 나가르주나) 2세기에 살았던 인도의 대선사. 불교에 많은 영향을 끼쳤다.
**우슈니샤**(ushnisha) 고타마 붓다의 머리를 닮은 상투 모양의 머리 모양.
**울다라승**(鬱多羅僧) 승복 중 하나로 무릎까지 내려오는 윗옷.
**유교**(儒敎) 효와 육친 사이의 애정을 강조하는 윤리체계. 중국과 한국에 많은 영향을 미쳤다.
**윤왕좌**(輪王坐) 대좌에 걸터앉은 자세로, 여러 가지 모습이 있다.
**윤회**(輪廻) 출생에서 죽음과 환생으로 생이 반복되는 것.
**『율장』**(律藏) 고타마 붓다가 정한 수행자가 지켜야 할 계율을 종합한 경전.

**전법륜인**(轉法輪印) 두 손으로 법륜을 돌리는 동작을 상징하는 손 모양.
**정토종**(淨土宗) 아미타불을 주불로 삼는 중국 선종의 한 종파.
**좌법**(坐法) 불교와 힌두교의 조상에서 나타나는 앉은 자세.
**지장보살**(地藏菩薩) 어린이와 여행자, 환자를 보호하는 보살.
**지조** 지장보살의 일본식 이름.
**진언**(眞言) 명상을 위한 심리적 수단으로 계속

반복해서 외우는 주문. 산스크리트어로는 만트라다.

**차트라**(chattra) 불교에서 정신적, 물리적 보호를 상징하는 우산.

**찬**(chan) 중국 선종.

**천태종**(天台宗) 『묘법연화경』을 주경전으로 하는 중국의 불교 종파.

**칸논** 관세음보살의 일본식 이름.

**탄트리즘**(Tantrism) 신비적이고 의례를 중시하는 숭배의 표현. 엄격히 말하면 종교적이라고 할 수는 없다.

**틸라카**(tilaka) 인도에서 고귀함을 나타내기 위해 이마 중간에 붙이는 표식.

**파드마삼바바**(Padmasambhava) 티베트에서 불교를 대중화한 8세기의 승려.

**팔정도**(八正道) 불교의 중심 교리. 괴로움을 소멸하고 깨달음의 세계로 나아가기 위해 실천해야 하는 여덟 가지 방법.

**폴로나루와**(Polonnaruwa) 13세기에 한동안 융성한 스리랑카의 불교미술 양식.

**합장인**(合掌印) 인도의 전통 인사법인 손 모양.

**항마촉지인**(降魔觸地印) 땅에게 증인이 되어줄 것을 요청하는 불상의 손 모양.

**혜능**(慧能) 7세기 중국 선종의 6대조. 중국과 한국에 많은 영향을 끼쳤다.

**32상** 붓다의 모습에서 나타나는 서른두 가지 신체적 특징.

# 가볼만한 곳

## 네팔
- **룸비니(카필라 성)**: 인도와 접경 지역에 위치. 붓다가 태어난 곳이자 기적을 보인 곳(p.12, 34, 58, 70).
- **카트만두**: 티베트 불교도가 가장 많이 찾는 보드나트 탑(p.77), 힌두교의 영향을 보여주는 스와얌부나트 사원(p.72, 74~75).

## 라오스
- **루앙프라방과 주변 지역**: 라오스 최초의 수도로 16~18세기의 불교미술품이 산재함(p.143). 와트 시엥통과 와트 위수날라트 사원(p.145), 18세기 초의 불상들이 있는 팍오 동굴(p.144, 147).
- **비엔티안**: 와트 시사케트 사원 천불탑(p.142, 145~146), 조각공원, 에메랄드 불상이 있던 사원으로 1930년대에 재건된 와트 프라케오 사원(p.143).

## 미얀마
- **만달레이**(p.95, 106): 11세기의 마하무디 불상과 마하무니 사원(p.103, 106), 경전을 새긴 729개 대리석이 있는 쿠도도 사원(p.106).
- **슈웨다웅**: 특이하게 안경을 쓴 불상이 있다(p.107, 237).
- **양곤**(p.106): 보석으로 장식한 불상의 머리들이 있는 슈웨다곤 탑(p.94, 97, 275), 정교하게 만든 불상들이 무수히 많다.
- **파간**: 11세기부터 지은 사원들이 평원에 산재한다(p.92, 96, 98, 99, 101).

## 스리랑카
- **아누라다푸라**: 3~10세기의 스리랑카 고대 수도. 마하비하라 사원(p.78, 81).
- **폴로나루와**: 12~13세기의 중심지. 갈 비하라 석굴사원(p.30, 42~43, 80, 81, 83, 84).

## 아프가니스탄
- **바미안 계곡**: 카불 북서쪽 230km에 위치. 3~5세기에 조각한 거대한 불상이 있으며, 2001년에 파괴되었으나 보수를 계획하고 있다(p.90, 91).

## 인도
- **델리 국립박물관**: 귀중한 불교미술품 소장.
- **라다크**: 틱세 사원과 인근 도시에 있는 티베트 양식의 불교사원들(p.65, 68).
- **라자그리하**: 붓다가 제바달다의 암살 기도를 이겨낸 곳(p.58, 64).
- **산치, 마디아프라데시 주**: 아소카 왕(기원전 272~232년)이 건립한 스투파(p.32, 219).
- **아잔타, 마하라슈트라 주**: 2세기에 세운 고대 석굴사원(p.51, 71).
- **바이샬리, 비하르 주**: 붓다가 역병에 걸린 곳(p.58).
- **부다가야, 비하르 주**: 붓다가 보리수 아래에 앉아 깨달음을 얻은 곳(p.22~28, 58, 60, 64, 68, 259~262).
- **삼카샤**: 붓다가 천상에서 땅으로 삼중 계단을

## 가볼만한 곳

타고 내려왔다는 전설적인 곳(p.36, 58).
- **슈라바스티:** 붓다가 20년 이상 산 곳(p.58).
- **사르나트, 우타르프라데시 주:** 붓다가 초전법륜을 베푼 곳(p.58).
- **쿠시나가라:** 네팔과의 접경 지역에 있음. 고타마 붓다가 열반에 든 곳(p.44, 58).

### 인도네시아
- **보로부두르 사원, 자바 섬:** 8~9세기에 만다라 형태로 만든 복합사원. 힌두교의 영향이 뚜렷하게 나타난다(p.130, 131, 132, 133, 134, 135, 305).
- **사리 사원, 사바 섬:** 8~9세기에 건립되었으며 힌두교의 영향을 받음(p.135).
- **칼라 산 사원, 자바 섬:** 8~9세기에 건립되었으며 힌두교의 영향을 받음(p.135).

### 일본
- **가마쿠라:** 도쿄 근처. 13세기에 만든 청동대불이 있다(p.198, 199, 260~261). 하세데라와 같은 사찰에서 정교한 불상들도 볼 수 있다.
- **교토:** 8세기에 한국이 만든 미륵불 목불상이 있는 고류지〔廣隆寺〕, 뛰어난 만다라가 있는 신곤종 학교인 도지〔東寺〕, 천태종 계열 사찰이 많은 히에이 산(p.200).
- **코야 산, 와카야마 현:** 신곤종 절이 많다(p.195, 198~200).
- **나라 주변 지역:** 일본 최고의 사찰 중 하나이자 세계 최대의 청동불상이 있는 도다이지〔東大寺〕(p.194), 7~8세기에 만든 뛰어난 불상들이 있는 고후쿠지〔興福寺〕(p.300), 중국의 영향을 받은 8세기 미술품들이 있는 도쇼다이

지〔唐招提寺〕(p.40), 일본 불교의 요람이자 고대 불상들이 많은 호류지〔法隆寺〕, 중앙아시아의 영향을 보여주는 8세기의 불상들이 있는 야쿠시지〔藥師寺〕, 일본 미술품과 실크로드를 통해 전해진 불교미술품들의 보고인 나라 국립박물관.
- **도쿄 국립박물관:** 일본 불상뿐 아니라 해외에서 전해진 불상들이 무수히 많다.
- **우지의 뵤도인 사원:** 교토 인근. 11세기 불상 중 최상품이 있다(p.201, 202).

### 중국
- **둔황 석굴, 간쑤성:** 사막에 있는 유일한 석굴사원으로 4~14세기에 건립. 다양한 미술양식을 보여준다(p.181).
- **윈강 석굴, 산시성 다퉁:** 인도 간다라 양식 석굴사원으로 5세기 후반에 건립(p.162, 163, 164, 170, 181, 224, 299).
- **우타이 산, 산시성:** 중국 4대 불교 관련 산들 중 하나로, 고찰들이 있다. 중국 양식과 티베트 양식 불교미술품과 건축물들을 볼 수 있다(p.182, 284).
- **다주, 쓰촨성:** 9~13세기에 세운 석굴사원이 있다(p.172, 173).
- **러산, 쓰촨성:** 절벽 전면에 조각한 세계 최대의 불상이 있다. 8세기 작품(p.3, 166~167, 168, 180).
- **링인시, 저장성 항저우:** 바위에 조각한 특이한 조각상들을 볼 수 있다(p.52, 178~179).
- **타얼시, 칭하이성 시닝:** 야크 버터로 만든 불상들이 있는 티베트 양식의 사원(p.183).
- **룽먼 석굴, 허난성 뤄양:** 5~10세기에 조각한

대표적인 중국 양식의 조각상들을 볼 수 있다(p.171, 181).

• **포린 사원, 홍콩 란터우 섬**: 1990년대에 야외에 세운 거대한 좌불상을 볼 수 있다(p.159, 174~175, 177, 223).

## 캄보디아

• **앙코르톰의 앙코르와트**: 바이욘 사원 포함. 9~13세기 사이에 건립. 폐허가 된 사원들의 엄청난 잔해가 정글 속에 남아 있다(p.136, 137, 139, 140, 141).

## 타이

타이에는 사원 27,000여 개가 전국에 산재하므로 특별히 어느 지역을 고르기가 어렵다. 아래에 일부 지역을 실었지만, 어느 지방을 여행하더라도 불교에 대한 신앙심이 짙게 밴 뛰어난 불상들을 쉽게 접할 수 있다.

• **방콕**: 20세기에 만든 뛰어난 불상이 있는 와트 벤차마보피트 사원(p.116), 와트 차이와타나람 사원(p.117), 라오스에서 가져온 에메랄드 불상이 있는 와트 프라케오 사원(p.143), 거대한 와불상이 있는 와트 포 사원(p.116, 120, 121), 수많은 불상을 소장한 국립박물관.
• **수코타이**(p.109, 110~111).
• **아유타야**(p.122~123, 124, 125).

• **크라비 주**: 와트 탐수아 사원(p.276).
• **타오 섬**: 대불(p.116).

## 티베트

• **라사와 주변 지역**(p.150, 156): 포탈라 왕궁, 조강 사원, 드레풍 사원, 많은 불상과 만다라가 있는 세라 사원(p.154~155).
• **삼예**: 8세기에 건립한 티베트 최초의 불교사원. 거대한 만다라 모양이다(p.149).
• **시가체**: 사루 사원(p.148), 타쉬룬포 사원, 고대와 현대에 만든 많은 불상과 탱화가 있다.

## 한국

• **경주**: 붓다와 협시보살이 화강암으로 조각된 석굴암(p.188, 193).
• **고창**: 선운사(p.192~193).
• **합천**: 해인사. 숲이 우거진 산기슭에 있으며 많은 승려가 찾는 중심 사찰이다. 9세기에 만든 불상이 있다(p.190).
• **부산**: 금정산에 있는 범어사. 7세기에 그린 비로자나불 탱화가 있다(p.191).
• **서울**: 주요 사찰로는 유일하게 사대문 안에 있는 조계사(p.17, 186, 187, 190), 한국 선종의 최대 본산인 신륵사(p.190~191), 국립중앙박물관.
• **선종 9산의 사찰들**: 가지산, 실상산, 사굴산, 동리산, 성주산, 사자산, 희양산, 봉림산, 수미산.

# 찾아보기

## ㄱ

가마쿠라 198, 200, 262
가사 270~79
간다라 23, 70, 86, 88, 158, 292
간다라 양식 26, 70, 89, 271
간쑤성(감숙성), 중국 181
갈 비하라 석굴사원 31, 40, 80, 82, 85
갠지스 강 22, 36, 58, 70
결가부좌 69, 80, 170, 256, 259, 282, 284
『경장』 94, 97
고대 로마 조각 251
고쿠후지 사원 301
고타마 붓다
~의 탄생 16 / 꿰뚫어 보는 64 / 말씀 79, 99, 180 / 머리 조각상(두상) 63, 82, 106 / 머리카락을 자르다 157, 225 / 뱀의 똬리에 앉다 287, 288, 291 / 비슈누의 아홉 번째 화신 105 / 세계 최대의 불상 169 / 수행자로서 96, 244, 298 / 안경을 쓴 불상 머리 107, 237 / 초전법륜 153 / 카필라 성 (룸비니) 기적 34, 298 / 이 밖에 석가모니 붓다 참조
고타마 싯다르타
깨달음을 얻다 28 / 단식 26 / 마라의 유혹 26, 28, 262 / 수행자가 되다 21, 22, 23 / 유년시절 18, 19, 160, 222, 241 / 일곱 걸음 16, 18, 186 / 지진을 일으키다 28, 262 / 탄생 12, 13, 16, 70 / 탄생지 12, 13, 21, 34, 58 / 힌두교 수행자 22, 39 / 이 밖에 붓다, 고타마 붓다, 석가모니 붓다 참조
공(空) 132, 160
관음(아바로키테슈바라) 53, 183, 284
교토, 일본 200
구경각인 265
굽타 왕조 274
귀 240~43
그리스의 영향 26, 63, 70, 86, 88, 221, 233, 271, 273, 292
금강보좌 287
금강살타 287
금강승 86
금강저 39
깨달음 9, 12, 26, 28, 31, 33, 39, 53, 58, 70, 119, 135, 188, 291

## ㄴ

나가 288, 291
나라, 일본 194, 301
나치 269
나콘파톰, 타이 108
낙산사, 한국 191
난찬시(남선사), 중국 산시성 우타이 산 284
네라다 테라 131
네란자라 강 22
네팔 12, 72~7
~과 티베트 73, 153 / 대승불교 53, 73 / 상좌불교 73 / 힌두교가 지배적 73
눈 238, 239
니치렌슈 200

## ㄷ

다두 강 169
다주, 쓰촨성(사천성) 172
다퉁, 산시성(산서성) 162, 164, 170, 298
달라이 라마
3대 156 / 14대 153, 208
달마(보리달마) 81, 164
담마제디 왕 252
당 왕조 169
『대승기신론』 130
대승불교 39, 50, 53, 227
대조사, 한국 188
대좌 286~91
도교 53, 160, 169, 197
도다이지, 일본 나라 194
도리천 36
도쇼다이지, 일본 나라 근처 40
동남아시아 9, 92, 106, 143
두광(님부스) 26, 58, 80, 165, 191, 213, 292~7, 298
둔황 석굴, 중국 간쑤성 181
덕웰라 78
딜고 크엔체 린포체 206
'땅을 증인으로 부르는' 수인 259
『떼푸미까타』 108

## ㄹ

라다크, 인도 64, 69, 73
라사, 티베트 150, 157
라오스 142~7
공산정권 143 / 상좌불교 92, 143 / 타이의 불상 반출 143, 146
라자그리하, 인도 64
라훌라(싯다르타의 아들) 22
란터우 섬, 홍콩 158, 176, 222
러산, 중국 쓰촨성 3, 169, 180
로카나트 50
로케스바라 50
롭부리, 타이 301
루앙프라방 143, 145
루이라우 사원 185
룽먼 석굴 170, 181
뤄양, 중국 허난성 170
링인시(영은사), 중국 53, 178

315

# 찾아보기

## ㅁ

마가다 63
마라 26, 262
마사토시 197
마야 왕비 12, 13, 16, 34, 36, 70, 259
마우리아 왕조 88
마타람 왕국 131
마투라 70
마하무디 불상, 마하무니 사원 102, 106
『마하밤사』 78
마하보디 사원 61
마하비하라 사원 78
마힌다 78
만다라 131, 302~5
만달레이 94, 102, 105, 106
만자 269
말라기리 251
말레이 반도 131
말레이시아 상좌불교 92
머리 222~31
메난드로스 왕 88
메콩 강 136
명상 22, 24, 26, 31, 135, 147, 176, 200, 202, 249, 259, 262, 265, 282, 284
목건련(목갈라나야) 28
몽고
　대승불교 53 / 티베트 불교에서 일반화 231
『묘법연화경』 170, 176, 200
무(無) 160
무량수불 149, 153
무로마치 시대 197
무찰린다 287, 288, 291
문화혁명 181
미륵보살 39, 44, 63, 85, 89, 178, 188, 231
미얀마 53, 92~107
　~의 불교 50, 96 / 다민족 국가 96 / 사원들 92 / 상좌불교 53, 92, 96 / 파간 96
민돈 왕 106
민장 강 169
밀랍형 주조기법 69

## ㅂ

바미안 86, 88, 90
바스, 영국 213
바이살리 58, 64
바이욘 시대 288
박트리아 86, 88
반가부좌 284
반열반 58, 80, 265
방콕 115, 116, 119, 121, 126
방콕 국립박물관 36
배터시 파크 202
백호 233, 237
버마→미얀마 참조

『범망보살계경』 119
범어사, 부산 금정산 191
법(불법) 9, 56, 58, 69, 78, 82, 89, 94, 170, 185, 208, 218, 244, 251, 252, 262, 265, 287
『법구경』 12, 18, 22, 24, 45, 138, 141, 142, 147, 148, 158, 162, 169, 172, 176, 181, 183, 205, 213, 221, 227, 249, 273, 291
법륜 24, 33, 256
법주사, 대전 191
법현 78
베니도름 208
『베다』 경전 63
베트남 184~5
　대승불교 185 / 상좌불교 185 / 중국에 병합 185 / 틱광둑의 죽음 206
벵골 78
보드나트 탑 73
보로부두르 사원 130, 131~2, 135, 302, 304
보리수 22, 26, 34, 64, 69, 70, 28, 259, 262, 265, 291, 301
보살 34, 40, 50, 53, 58, 88 132, 135, 150, 158, 164, 183, 191, 197, 205, 231, 238, 281, 284, 292
보상불 39, 40
본교 149
본초불 39, 40
봉원사, 한국 188
묘도인 사원 200
부다가야 22, 34, 58, 64, 69, 259, 265, 282
『부루나경』 135
부적 115
북위 시대 170, 284
북한 186
불공성취불 39
불교
　~용어의 바탕인 중국어 198 / ~의 보편성과 근대성 63 / ~의 전파 50 / 두 종파로 나뉘다 50, 53 / 방랑하는 연꽃 50 / 중심 권위 없이 44 / 토속신앙의 수인 92, 153 / 이 밖에 정토종, 대승불교, 상좌불교, 탄트리즘, 천태종, 선종 참조
불족적 218, 269
붓다
　~의 32상 218 / ~의 어머니 36 / ~의 화신 56 / 기적을 행하다 34 / 싸움을 말리다 259 / 여덟 개의 머리 106 / 열반, 화장 44, 46 / 제바달타 암살기도 33, 58, 251 / 제자 12, 28, 33 / 천상(하늘)으로 오르다 34, 36, 298 / 천상에서 내려오다 36, 58, 256 / 이 밖에 고타마 붓다, 석가모니 붓다, 고타마 싯다르타 참조
브라만 문화 63
브라흐마 36, 233
비로자나불 39, 40, 191, 194, 241
'비를 부르는' 자세 145
비슈누 53, 105, 291
비엔티안, 라오스 142, 145~6

# 찾아보기

## ㅅ

사루 사원, 티베트 시가체 149
사르나트, 인도 우타르프라데시 주 58, 284
사리 사원, 자바 섬 135
사리자(사리푸트라) 28, 33
사무이 섬 206
사산 왕조 90
사성제 9
사이공, 베트남 208
사타루파 233
산스크리트어 106
산시성(산서성), 중국 162, 164, 170, 181, 183, 284, 298
산치 스투파, 인도 33, 218
삼도 244
32상 221, 222
삼예 사원, 티베트 149
삼의(가사) 271, 273, 274
삼장 106
삼카샤 36, 58, 256
상좌불교 50, 53, 218
상투 222, 225, 229, 298
생신불 39, 44, 53, 63, 85, 89, 178, 202, 281, 301
샤일렌드라 왕조 131, 135
서울, 한국 186, 190
석가(사가)족 12, 31, 33
석가모니 붓다 31, 34, 39, 56, 69, 188, 218, 231, 251, 259, 262, 295
　이 밖에 붓다, 고타마 붓다, 고타마 싯다르타 참조
석굴암 188, 295
선운사, 고창 191
선정 262
선정불 39, 40, 53, 135, 149, 150, 160, 176, 188, 191, 194, 200, 231, 241
선정인 135, 213, 259, 262, 265
선종 53, 164, 169, 170, 176, 185, 186, 188, 200, 202
설법인 73, 135, 188, 249, 251, 252
세라 사원, 티베트 라사 153
소승불교 50
손 246~67
송대 170, 227
송첸 감포 왕 149
쇼토쿠 태자 198
수레바퀴 69, 218, 221, 251, 277, 304
수레바퀴 조각 33, 69~70, 105, 218, 251, 277, 304
수리야바르만 2세 141
수리야프라바 292
수마트라, 인도네시아 131
수미산 141
수인(손 모양) 135, 191, 246~67
수코타이, 타이 108
슈도다나 12, 33, 259
슈라바스티 58
슈웨다곤 사원, 미얀마 양곤 94, 96, 106, 274
슈웨다웅, 미얀마 106, 237
슈웨미에트만 사원 106
스리랑카 78~85, 138, 149
　경전들 78 / 미술작품의 양식 81 / 상좌불교 53, 81 / 침입과 식민지화 81
스리바트사 233
스와얌부나트 사원, 네팔 카트만두 73
승가(불교 교단) 33, 70, 108, 112, 150, 153, 158, 265
시가체, 티베트 149
시닝, 중국 칭하이성 183
시무외인 자세 18, 23, 34, 39, 135, 160, 202, 246, 251, 252, 256, 259
신곤 198, 200
신곤불교 사찰, 일본 와카야마 현 코야 산 194
신광(만돌라) 24, 40, 44, 73, 116, 185, 200, 288, 295, 298, 301
신도 53, 197
신란 200
신륵사, 서울 인근 188~9
신장 지방, 중국 158
실크로드 86, 88, 158
쓰촨성(사천성), 중국 3, 169, 172, 180

## ㅇ

아그니 225
이닌(아닌디) 33
아난타 291
아누라다푸라 81, 85, 273
아랍 90
아미타불 39, 149, 176, 188, 198, 200, 244, 262, 301
아바로키테슈바라(관세음보살) 40, 53, 58, 150, 153, 183, 185, 188, 191, 284
아소카 왕 33, 63, 78, 88, 108, 218
아유타야 121, 124
아잔타 석굴사원 50, 70
아축불 39
아프가니스탄과 파키스탄 86~91
　금강승 86 / 우마이야 왕조 90 / 이슬람 치하 90
안타회 271, 281
앉는 자세 282~5
알렉산더 대왕 88
앙코르 143
앙코르와트 106, 131, 136, 138, 141
앤터니 키 213
야마, 죽음의 신 24
야소다라 공주 22
야훼 70
약사여래 202, 301
양곤, 미얀마 94, 96, 106, 213, 274
업(카르마) 107
에도 시대 252
에이사이 200
여원인 18, 23, 135, 160, 252, 259
여의주 225, 227

317

## 찾아보기

역병 58, 64
연꽃 상징 287
연화대좌 287
연화좌→결가부좌 참조
열반 31, 39, 135, 160, 172, 225, 265
『열반경』 121, 133
영웅좌 284
오대10국(중국) 170
오디야나 86, 88
오바쿠 202
와불사원, 말레이시아 44
와카야마 현, 일본 194
와트 마하타트 사원, 타이 수코타이 108, 112
와트 벤차마보피트 사원, 타이 방콕 116
와트 수타트 사원, 타이 115
와트 시사케트 사원, 라오스 비엔티안 142, 145~6
와트 시엥통 사원, 라오스 루앙프라방 145
와트 시춤 사원, 타이 277
와트 야이차이몽콘 사원, 타이 아유타야 124
와트 차이와타나람 사원, 타이 방콕 116
와트 차크라와트 사원, 타이 방콕 115
와트 탐수아 사원, 타이 277
와트 포 사원, 타이 방콕 116, 121
와트 프라케오 사원, 타이 방콕 143, 146
왕관 231, 281
왕관불 231
요가 284
요코하마, 일본 200
용수보살(나가르주나) 73, 107
용수사, 수원 16, 21, 24
우도밀교 150
우마이야 왕조 90
우산 40, 58, 85, 298
우슈니샤 222, 225, 292
우타르프라데시 주, 인도 274
우타이 산(오대산), 중국 산시성 183, 284
울다라승 271, 274, 277
원 왕조 227
원효대사 61, 82
월코트 예배당, 영국 바스 213
윈강 석굴, 중국 산시성 다퉁 162, 164, 170, 181, 298
윌리엄 엘리스 18
유교(유학) 169, 186
유네스코 세계문화유산 106
유대교 70
윤왕좌 282, 284
윤회 9, 22, 24, 28
『율장』 9, 50, 94, 116
의천 189
이라와디 강 96, 106
이슬람 90, 131
인더스 문명 246, 269
인도 56~71

~로 이주한 달라이 라마 153 / ~문화 169 / ~에서 왕실의 상징인 우산 85, 298 / 북서인도 왕조 273 / 불교 사원과 대학의 파괴 64 / 불교 성지 56, 69 / 상좌불교 53 / 지성인 63 / 티베트 이주자들 153 / 황토색 옷을 입은 수행자 277 / 힌두교의 호전성 64
인도 국립박물관 63
인도네시아 130~35
~의 이슬람 131 / 대승불교 135 / 상좌불교 131, 135 / 힌두교 131
인도차이나 143
불교의 영향 9 / 상좌불교 53
인드라 36
일본 '5산' 200
일본 194~205
~의 불교 50 / 대승불교 53, 197 / 밀교 198 불교와 신도의 공존 197 / 불교의 영향 9 / 살지고 웃는 불상의 모습 176 / 선종 186, 200, 202 / 오바쿠 종파 202
『일본서기』 198
임제종 200

## ㅈ

자바섬 131, 135
자야바르만 7세 138, 141
자이나교 282
장신구 281
저장성(절강성) 항저우(항주) 53, 178
전법륜인 70, 251, 256
정토 176
정토종 170, 185, 200
제바달다(데바다타) 33, 58, 251
세이 린포체 102
조계사 17, 186, 190, 191
조계종 190
조도신슈→정토종 참조
조동종 200
조선 왕조 186
좌도밀교 150
좌법 284
죽음 39, 44, 46
중국 158~83
~과 티베트 73, 153, 208 / ~의 불교 9, 50 / ~의 불교미술의 다양성 181 / ~적 특색 160 / 공산정부 181 / 대승불교 50, 53, 158, 160 / 문화혁명 181 / 베트남 병합 185 / 불교와 중국 전통종교의 공존 160, 197 / 살지고 웃는 모습의 불상 176, 178 / 상좌불교 160 / 선종 164, 169, 170, 176 / 정토 176 / 정토종 170 / 천태종 170
중앙아시아 70, 86, 88
지장보살 205
지혜 22, 252, 259, 292
진언 265, 302

## ㅊ

차트라→우산 참조
찬불가 70
천불탑, 라오스 와트 시사케트 사원 142, 145~6
천태종 170, 200
칭이 강 169
칭하이성(청해성), 중국 183

## ㅋ

카라샤르, 중국 신장 지방 158
카이버 패스 86
카트만두 73
카필라 성(룸비니) 12, 13, 21, 34, 58, 70, 298
칸논 40, 53
칼라 산 사원 135
캄보디아 136~41
  대승불교 138 / 상좌불교 50, 92, 138 /
  폴포트 정권 136 / 힌두교 138
케곤 198
켄포 키르타르 린포체 208
코보 대사 198, 200
코야 산, 일본 와카야마 현 194
쿠도도 사원 106
쿠샨 왕조 70
쿠시나가라 44, 46, 58
쿤장라 고개 65
크라비 주, 타이 277
크메르 왕조 141
크메르루주 136, 141

## ㅌ

타라 58
타마린다 마하테라 138
타얼시(탑이사), 중국 칭하이성 시닝 183
타오 섬 116
타이 107~29
  ~의 불교 50, 53, 108 / 대승불교 112 /
  『떼푸미까타』108, 112 / 라오스 불상 143, 146 /
  상좌불교 53, 92, 108, 112
타톤, 타이 북부 126
탄트리즘(탄트라) 149, 150, 176, 185, 198
탈레반 86
터키석 241
티리야야, 스리랑카 85
티베트 73, 148~57
  ~과 중국 73, 153, 208 / ~의 불교 9, 50, 53, 153 /
  금강승 149 / 대승불교 53 / 본교 149 / 불교미술 69 /
  자비의 신 150, 153 / 탄트리즘 149, 150
티에우트리 왕 185
티엔무 사원, 베트남 185
틱꽝둑 206
틱세 사원, 인도 라다크 64, 69

## ㅍ

파간 93, 96, 99, 100, 106
파드마삼바바 149
파센티코솔 256
파야 톤주 사원, 미얀마 파간 96
파웅음 왕자 143
파키스탄→아프가니스탄과 파키스탄 참조
파타바, 아프가니스탄 221
파테트라오 143
팍오 동굴, 라오스 루앙프라방 145, 146
8대 성지 58
팔라바, 인도 마드라스 63
팔리 106
팔리 경전 185
팔정도 69
팔찌 281
페구, 미얀마 252
포린 사원, 홍콩 란터우 섬 158, 176, 222
포트 메이론 마을, 웨일스 18
포푹힐, 홍콩 233
폴로나루와, 스리랑카 81, 82
폴포트 136, 143
프라방 143

## ㅎ

하와이 213, 265
한국 186~93
  ~의 불교 9, 50, 186 / 대승불교 53, 188 /
  산 정상 부근의 사찰 191 / 선종 186, 188 /
  신륵사 190~91 / 조계사 190
합장인 246
항마촉지인 28, 94, 96, 135, 256, 259, 262, 265
해인사 190
행운 244
허난성(하남성) 170, 181
허베이성(하북성) 34
헤이안 시대 244
혜능, 선종 6대조 169, 170, 190
혜철 93
홍콩 158, 176, 233
『화엄경』124, 198
환생 39, 45, 61
후광 292
후난성(호남성) 284
후지와라 시대 249
『흡수왕경』104
히틀러 269
힌두교 18, 22, 36, 50, 64, 73, 131, 138, 141, 146,
  222, 225, 233, 238, 277, 282, 288, 291
힐튼 와이콜로와 빌리지 265

**사진출처**

**Alamy** 1, 4, 44/5, 51, 114, 132/3, 173, 178/79, 181, 236 **Axiom** 5, 80t, 82, 204 **Art Archive** 10-11, 13, 16, 29, 35, 46-7, 100, 112, 149, 152, 157, 170, 196, 200, 220, 245, 248, 290 **AKG** 41, 42-3, 56-7, 58, 63, 71, 87, 85, 148, 153, 163, 168, 201, 224, 229, 242, 248, 249, 257, 272, 273, 274, 278-79, 285, 293, 299, 306-7 **The Bridgeman Art Library** 25, 27, 36-7, 88, 105, 130, 136, 158, 161, 182, 205, 228, 232, 263, 280, 284 **Corbis** 2, 6, 14-5, 17, 21, 24, 32, 48-49, 62, 66-67, 72, 73-74, 76, 77, 79, 90-91, 92, 104, 107, 113, 118, 122-23, 124, 125, 126, 127, 128-9, 151, 172, 174-75, 183, 188, 190, 191, 192-93, 195, 197, 199, 202, 203, 208, 213, 214-15, 216-17, 219, 230, 233, 234-35, 247, 258, 260-61, 266-67, 268, 289, 294-95, 296-97, 304-5 **Christine Image** 22, 23, 38, 270, 288, 301b **Getty** 30, 52, 42-3, 64-5, 80b, 84, 97, 110-11, 137, 139, 142, 144, 159, 166-67, 177, 184, 206-7, 223, 253, 256, 275, 276 **Panos Pictures** 40, 98, 99, 101, 103, 187, 188b, 189 **Photonica** 246, 250 **Photos12** 20, 102, 108-9, 115, 117, 120, 154-55, 156, 162, 186, 283 **Powerstock Zefa** 68, 94, 95, 96, 140, 180, 254-55, 264 **Rex Features** 19, 21, 121, 134, 160, 165, 210-11, 212, 243 **Catherine Rubinstein** 146-47, 198, 300 **Topham** 54-55, 69, 106, 209 **Trip and Art Directors** 60, 171, 194 **Victoria & Albert Museum** 138, 301t **Werner Foreman Archives** 59, 83, 89, 150, 164, 185, 226, 239, 240, 252, 286, 303


사진과 그림으로 만나는
# 세계의 붓다

1판 1쇄 찍음 2004년 5월 10일 | 1판 1쇄 펴냄 2004년 5월 15일
지은이 · 마이클 조든 | 옮긴이 · 전영택 | 펴낸이 · 이갑수
편집 · 김현숙, 서영주, 이유나 | 영업 · 백국현, 도진호 | 관리 · 김유미
펴낸곳 · 궁리출판

출판등록 1999. 3. 29. 제406-2003-021호
413-832 경기도 파주시 교하읍 문발리 파주출판단지 526-2
대표전화 031-955-8292 / 팩시밀리 031-955-8291
E-mail : kungree@chollian.net / www.kungree.com
한국어판ⓒ 궁리, 2004. Printed in China.

ISBN 89-5820-004-9      03220

값 23,000원